玛丽 · 埃伦 · 里士满

社会工作全集

The Complete Works of Social Work by

Mary E. Richmond

国家出版基金项目
NATIONAL PUBLICATION FOUNDATION

上海市重点图书

上海文化发展基金会
图书出版专项基金资助项目

女性丧偶者研究：

基于1910年某慈善组织会社所知的985人

A Study of Nine Hundred and Eighty-Five Widows Known to Certain Charity Organization Societies in 1910

［美］Mary E. Richmond ［美］Fred S. Hall 著

汪颖霞 主译 赵 芳 审阅

华东理工大学出版社
EAST CHINA UNIVERSITY OF SCIENCE AND TECHNOLOGY PRESS

·上海·

图书在版编目（CIP）数据

女性丧偶者研究：基于1910年某慈善组织会社所知的985人 ／ (美) 玛丽埃伦·里士满 (Mary E. Richmond)，(美) 弗雷德·S.霍尔 (Fred S. Hall) 著；汪颖霞主译.
—上海：华东理工大学出版社，2018.6 (2018.12重印)
(玛丽·埃伦·里士满社会工作全集)
ISBN 978-7-5628-5516-3

Ⅰ.①女… Ⅱ.①玛… ②弗… ③汪… Ⅲ.①妇女－社会工作－研究－美国 Ⅳ.①D771.286.8

中国版本图书馆CIP数据核字 (2018) 第251783号

项目负责　刘　军　牟小林
责任编辑　刘　军　牟小林
装帧设计　肖祥德
出版发行　华东理工大学出版社有限公司
地址：上海市梅陇路130号，200237
电话：021-64250306
网址：www.ecustpress.cn
邮箱：zongbianban@ecustpress.cn
印　　刷　上海盛通时代印刷有限公司
开　　本　890 mm × 1240 mm　1/32
印　　张　7.25
字　　数　125千字
版　　次　2018年6月第1版
印　　次　2018年12月第2次
定　　价　78.00元

女性丧偶者研究：基于 1910 年某慈善组织会社所知的 985 人

学术顾问

王思斌
中国社会工作学会会长、北京大学教授

Annamaria Campanini
国际社会工作教育联盟主席

学术委员会

（以姓氏笔画为序）

Patrick Leung
美国休斯敦大学社会工作学院教授

Jack Richman
美国北卡罗来纳大学社会工作学院教授

John Carpenter
英国布里斯托尔大学社会工作教授

Lena Dominelli
英国斯特林大学社会工作教授

Patrick O'Leary
澳大利亚里菲斯大学社会工作学院教授

徐永祥
中国社会工作教育协会会长、
“上海高校智库”社会工作与社会政策研究院院长、华东理工大学教授

何雪松
华东理工大学社会与公共管理学院院长、教授

阮曾媛琪
国际社会工作教育联盟(IASSW)前主席、香港理工大学副校长、教授

总 序

华彩百年学术传道
风云世纪专业流芳

女性丧偶者研究：基于 1910 年某慈善组织会社所知的 985 人

转瞬间，社会工作在国际上已经诞生百年，在中国也已经恢复了三十年。在这值得纪念的日子里，我们欣喜地看到“玛丽·埃伦·里士满社会工作全集”由华东理工大学出版社出版了。作为这一项目的发起人之一，我更关心的是社会工作早期经典著作能否得到我国广大读者的认可，并在相关学术研究中起到推动作用。这不仅取决于学界对西方社会工作历史的回顾，更有赖于专家学者对早期社会工作理论的研究。我愿借此机会对里士满的著作及其基本思想进行简要介绍，并对里士满著作的学术价值及其产生的积极影响简单谈些看法，权当抛砖引玉，希望能够引起学界的关注。

19世纪中后期，随着第二次工业革命的逐步深入，急速的工业化、快速的城市化对美国的社会结构造成了不小的冲击，一系列社会问题随之而来。失业、低工资、超时劳动、重大疾病……紧紧纠缠着城市中的绝大多数人。而当时美国的收容救护主义的济贫制度并无太大的改善，遭遇困境的人们普遍缺乏筹措资源和重塑生活的能力。玛丽·埃伦·里士满（Mary E. Richmond，1861—1928）正是身处这样一个贫困问题蔓延和重大疾病滋生的时代。里士满是美国慈善组织运动的领导者，更是一位社会工作理论家。在她的推动下，社会工作专业得以产生，她的学术人生体现了一种从慈善事业到社会工作的转变。

具体而言，里士满的社会工作思想，以及其为社会工作专业化所做的努力体现在以下几个方面。

一、学校教育：社会工作产生的必要前提

就早期而言，里士满所做的努力是希望将前人认为有效的方法解释并传承给将来从事慈善组织事业的年轻人。社会工作教育则成了实现这一目标不可或缺的途径。1897年，里士满在美国慈善组织和整改会议上发表了她的历史性演讲“应用慈善中学校教育的需要”，呼吁模仿厨师、工程师、图书管理员等应用型职业，在学校里开展专业慈善工作的教育和训练，这成为美国专业社会工作教育的最早倡导。在里士满的努力下，1898年，慈善组织会社开办慈善暑期学校，为志愿者与友善访问员提供了大量暑期研讨会和培训课程，成立第一所社会工作专业训练学校，并最终发展为哥伦比亚社会工作学院。社会工作教育的开展改变了以往社会工作仅依赖自我反省、自我督促，以及其他随手可得的机会进行简单学习的方法，使其逐步发展成高等学校的专业学科门类，并培育了一批思想先进、刻苦努力的职业社会工作者，为社会工作的专业化发展提供了人才储备。这是从慈善工作向社会工作转变的

必要前提。

二、社会关系：社会工作介入的主要对象

作为一门专业，社会工作首先要明确的是自己的介入对象。里士满将社会工作的介入对象定位为案主的社会关系，并指出："社会工作是对司法、医疗和教育的一种补充。"相较于医生、警察、教师等以微观个体为服务对象的职业，社会工作的独特之处就在于其对社会关系的关注。诚如里士满对个案社会工作的定义，"个案社会工作是一种艺术，用以调整个人与个人之间以及个人与社会之间的关系"。虽然社会工作在产生之初强调以个人为中心，但是与一般的慈善工作不同，社会工作并非只是以个人为中心的救济工作，而是一种以社会关系为对象的服务工作。调查、诊断、治疗，社会工作的每一个过程都渗透着社会关系的作用。在社会调查中，社会关系是信息的主要来源；在社会诊断中，我们要把案主放在一种社会关系里来理解；在社会治疗中，社会关系更是我们介入、调适的主要对象。换言之，里士满预设人处于一种社会关系网络之中，社会关系是案主问题的主要来源，而我们要做的就是改善他们的社会关系，以达到个人与社会的良性互动。

三、行动研究：社会工作理论的源头之本

实践是社会工作的本质属性。社会工作的产生与发展无不与实践活动息息相关。从《贫民中的友善探访：慈善工作者手册》到《社会诊断》，再到《个案社会工作导论》……无不是里士满基层实践智慧的结晶，无不是一个从实践经验上升到理论知识的过程。上述著作主要由个案社会工作实践经验和理论知识结合而成，可以说是一种最早的“行动研究”。一方面，书稿的撰写建立在里士满多年主持、组织、从事慈善组织会社工作的基础之上；另一方面，为了超越个人经验，里士满又收集、整理了当时大批社会工作者的访谈资料、工作记录、实践报告，书中的实例都源自美国各地区社会工作者的原始案例记录。在资料梳理的基础上，里士满又对案例的成功或失败之处进行了批判性反思，进而从中提炼社会工作的方法和原则。她还结合当时刚刚兴起的精神分析理论，形成了社会工作自身的理论体系。因而，行动研究可以被看作社会工作方法、理论产生的逻辑起点。

四、社会改革：社会工作不可或缺的重要维度

很多人认为，里士满深受慈善组织会社宗旨的影响，相信造成贫穷的是个人因素而非社会因素。但事实并非如此，当时美国社会改革的热情支配着整个社会，作为慈善组织会社领导人的里士满也认识到这一点，她认为以个人为对象的服务只是一种缓和策略，无法帮助问题得到真正改善，只有“消除贫困”才是根本途径，只有改革社会结构，才能真正解决社会问题，以实现个人的全面解放。1905 年任职费城慈善组织会社期间，里士满发表了“零售法的改革”一文，表明了她的社会工作理念与基本立场。她将以个人为对象的慈善组织会社和社会改革区分为“零售法”和“批售法”，并指出两者之间存在密不可分的关系。可以说，里士满也是一位社会改革的推动者。她批评市政府的腐败，成立宾州儿童劳动委员会，推动儿童劳动法等改革法案的通过；推动设置青少年法庭及儿童局；推动精神衰弱妇女儿童保护机构立案；推动慈善组织建立合作机制；推动社会立法……对里士满而言，推动社会改革也是社会工作不可或缺的一部分。

里士满的《社会诊断》一书（最早于 1917 年出版）被国际学术界公认为社会工作专业化确立的源头之作，曾经风行许多国

家和地区，并被译成多种文字。虽然我国社会工作已经恢复了三十年，但却未能给予社会工作早期经典著作应有的重视和研究。没有哪个专业的发展可以离开对历史的总结与反思。回顾历史经典，可以帮助我们厘清社会工作的理论来源，找到社会工作的方法论基础，做好社会工作的专业定位。正如社会学需要马克思、涂尔干、韦伯式的人物，社会工作也需要对欧美社会工作发展伊始的奠基人物和经典作品进行介绍、研究与反思，从而为我国社会工作的本土化和专业化研究提供翔实的资料。2017年是里士满最重要的社会工作专著《社会诊断》出版一百周年，也是我国社会工作恢复三十周年。在这样一个特殊的时间节点，以“玛丽·埃伦·里士满社会工作全集”的翻译和出版，致敬社会工作专业创始先驱里士满女士，庆祝社会工作专业化确立百年，希望广大学界同仁可以给予足够的重视与关注！

徐永祥

中国社会工作教育协会会长

国际社会工作教育联盟执行委员

“上海高校智库”社会工作与社会政策研究院院长

华东理工大学社会工作系教授、博士生导师

简 介

女性丧偶者研究：基于 1910 年某慈善组织
会社所知的 985 人

1910年1月，罗素贤哲基金会慈善组织部门在成立3个月后，致函全国慈善组织协会，要求他们在对待有孩子的女性丧偶者时要特别注意方式，并希望能给附录二中的调查表一些批评和建议。基金会的目的是想要帮助这些组织会社，使它们在针对一个又一个的家庭问题时能更有效地彻底解决，这最初只是一系列努力中的一部分，其他的现在也在推进中。直到提出和"家长基金"以及"母亲赔偿"相关的基金计划时大家才恍然大悟。该部门在之后通过讨论女性丧偶者①及其子女群体家庭治疗的限度和重要因素时发现，只有在一定程度上了解家庭背景情况，这些日程表和统计数据才有价值。这个讨论并没有记录在简要的研究报告中。

根据所提述的一般信函，20个组织会社被要求为每名女性丧偶者(不论什么形式的待遇)填写附表，填写的对象是在1910年1月1日时点下仍处于"接受照顾"状态，或者从治疗开始后(即使是几年前)在那一年间接受过照顾，且至少有1位子女在14岁以下的女性丧偶者。这一调查目的是了解组织会社自身早期和后期发生的情况，以把握其实际程序，尽可能了解当下的情况，同时把握其发展的不同阶段。在这里没有"家庭类型"一说，至少家庭不能仅依靠经济或社会地位来分类，但家庭问题却又需类型化，而且部门希望

① 女性丧偶者(widows-with-children)指的是丈夫去世了的女人，又称"寡妇"。

依次对这些问题类型展开研究分析。此外，人们相信只填补女性丧偶者与子女的时间安排，这种非常不完善的方法和结果会令人感到沮丧，这个观念将有助于鞭策组织会社以后更好地开展工作。

1910 年，虽然受到经济大恐慌后遗症的拖累，然而对于所有慈善组织会社来说，这是忙碌的一年。被邀请来帮助研究的 20 名人员中只有 9 人能够完成他们已经开始的工作。这个任务很重。

例如，在纽约市，全年 800 多名女性丧偶者中只有 100 人能被安排在 1 名受过训练的会社员工帮助下接受为期 3 个月的治疗。每个会社员工都必须阅读病例记录，其中一些记录历时 6～10 年。由于前 100 个记录是随机抽取的，所以又从不同地区的会社中各补充 5 个记录。总记录被视为纽约慈善组织会社特别小组在 1910 年工作的代表作。另有 8 家组织会社也提供了所有符合上述定义要求的女性丧偶者的日程表，尽管在整理合并时可能会有一些无心的遗漏。

这 9 家提供日程表的慈善组织会社分别位于以下城市：

纽约	布法罗（亦称水牛城）
费城	明尼阿波利斯
波士顿	亚特兰大
巴尔的摩	剑桥

科罗拉多泉

每个会社被要求保留手头所有从丧偶后初次提出申请的日期起至少6个月后的日程表。这意味着所有的日程表直到1911年的秋天才会被寄送过来。从那之后，他们一如既往以最快的速度把表单推送过来。所有从他们那儿推送来的数据或个案日程表都有被误解的部分（当然，多人工作中误解在所难免），这些数据都被退回以进行纠正。这涉及大量写信和重新阅读记录的工作，实在是愧对那些在组织会社中因这些反复的要求仍不失耐心地忙碌的人们。

由于社会工作者越来越重视充分救济，看到这几页的读者自然想寻求一个可以用来衡量情况的图表数字，来分析从9个组织会社收到的985名女性丧偶者的重要治疗数据。但我们并没有找到这样的图表数字。一方面是由于部门失责造成的缺陷，但更多的是在于日程表本身，救济充分率虽然应该以美元和美分来衡量，可实际上并不能用这么简单的测算来进行衡量。女性丧偶者可能由于物质原因正在工作和领取小额津贴，组织会社原本应该劝停并帮她申请更多的补助津贴，但由于收入列表一栏需要包含她的收入，这就显得之前的小额津贴补助可能已经足够了。另一方面，由于此数据是以列表格式显示的，原本充分的治疗也很容易出现不足。假设一位女性丧偶者失去了一位同性寄宿者，结果由一名异性寄宿者代替。慈善组织会社会怀疑这样安排的用意，从而建议女性丧偶者让那位异性离开，这样就可以获得额外的现金津贴，直到她可以找到另一名同性或者可以组成再婚家庭的异性为止。如果会社因妇女拒绝这样的安排而停止支付，那么收入总额就会标记救济不充分。当然这样的话，实际给予的救济是不足够的，但提供的救济大概是足够的。

换句话说，家庭照顾的情况可以以逐户调查的方式进行，我们也已经对这些案例中的少数个体进行了尝试，这种调查能够了解家庭照顾是否充分。由于所要衡量的指标是照顾（包括救助），因此调查结果不能以数据，或者所需金钱/已有金钱的比例等方式体现。[①]

我们努力想在已有的数据图表中展示那些即将进入寡居期

① 如上提到的表格中的不足，是由于所采用的处理方法不是运用于单个家庭，而是一系列家庭，一个接一个，时间跨度从几个月到数年不等。子女的下落、母亲的职业、母亲的健康状况、经济来源，以及所接受的援助等，所有这些均在反复发生变化。至于仅用数据就可度量的救助充分性而言，必须使用横向分析法（cross section）。该方法使用一张余额表单，在给定的星期或月份内，显示家庭各项所需开支。可通过在家子女的数量、小孩的年龄、应付的房租、当月必需的额外开销和从各种来源的收入进账，甚至可对寄宿者等进行测算。不幸的是，已有表格并没有要求这种清晰的横向分析。因此，本可当作一个女性丧偶者一周的收入而体现在表格中的 4 美元，却不能增加到 6 美元定期补贴项中。表中总额可视作她的总收入，因为该妇女可能在一个更早的时间开始工作，或者补贴发放时她可能已生病或失业。毋庸置疑的是，的确应该获取横向分析数据，但是考虑到上面所述的原因，缺少此项所带来的损失不会很大。

和已进入寡居期的女性丧偶者的家庭状况。给出的统计数据将显示肺结核和肺炎两种疾病导致丈夫死亡，引发女性寡居的比例，守寡与工业性事故及可复原的小伤害之间的关系。统计数据表明，所调查的女性丧偶者群体中有 37%的女性丧偶者在丈夫死亡之前部分依赖慈善救助，有超过 13%的人在接受援助时没有记录，她们当时均为家庭的顶梁柱。统计数据将分析所调查的 985 名女性丧偶者所从事的职业和复合职业；揭露子女和母亲分离的合法或非法的原因；显示慈善组织会社允许这种分离现象，或同意 14 岁以下儿童“仅因贫困”原因离开母亲，这部分儿童占所涉及的不满 14 岁儿童的 3%以下。这些都揭示了在物资援助充分性方面还必须考虑的一些事项。

但是上述所有这些调查发现仍没有触及家庭治疗和监督的真正要素，我们意识到我们只有通过这些数据展现治疗本身的复杂性，尽管形式粗糙，但是内容具体，才能让会社尽力完成详细填写表格的任务。因此，我们根据调查表格信息制作了一系列段落式摘要，摘要提供了对这些家庭的援助情况，选择这些家庭是因为他们的经济状况最困难。段落摘要中所选择的家庭来自两个城市，每个家庭都有 2 个或 2 个以上不满 5 周岁的小孩。在女性丧偶者第一次申请援助时，家庭中的小孩均不满 14 周岁。这样做是为了保持研究在统一的限定范围内。据此总结了两个城市的表格信息，这两个城市在家庭援助和儿童救助方面有明显差异。第一个城市有公共院外救济（public outdoor relief），第二个城市则没有。在第二个城市，接受公众资助的大型儿童机构得到了很好的发展，而第一个城市的所有社会办事机构，不论是公共的还是私立的，都谈不上有紧密的合作关系，特别是在家庭工作和儿童照顾方面。

第一个城市提供的表格信息显示有 29 个家庭在决策的分类范围内，而第二个城市有 32 个家庭符合条件。因此，本书总共制作了 61 个家庭的段落式摘要，具体内容见附录一。

被记录的家庭不能与任一领取同等数量公共抚恤金的家庭相比，因为他们不能代表所有被选择的家庭，他们之所以被选中只是因为她们在 1910 年进行了申请或再申请，抑或是援助持续到了 1910 年。此外，我们描述的这些计划，也不是 1910 年当年的那些计划，通常要比 1910 年更早一些，其中一个例子发生在 1891 年。这种时间界定适用于其他所有表格。许多家庭早在填写日程调查表之前的 6～10 年就已经接受了最积极的援助，并且某些会社的报告有过彻底的重新编写，同时家庭工作的标准有了显著提高。在这数页的篇幅中肯定会出现有关工作徘徊不前和不公平现象的描述，但是在这个国家其他地方都没有像慈善组织会社这么大型的机构，能够提供已经证实的所有接受援助的女性丧偶者记录，并通过这些行程表安排使得提供的援助服务具有可操作性。

我们并不认为提交的这份研究结果给出了这 985 名女性丧偶者家庭境况的完全图景，这些女性丧偶者第一次申请援助时至少有 1 个不满 14 周岁的小孩。遗憾的是，这些篇幅仅仅包含了 9 个慈善组织会社不完全的所知及其记录的这些女性丧偶者的家庭境况。此外，在每笔援助津贴送出后，仍然不可避免地会有局限性，虽然有些在进一步实践中可以被克服。我们相信，对接下来这些资料的公开审查将揭示若干下一步行动的措施，以提高美国儿童保护和家庭照顾的现有标准，并且所有对女性丧偶者和她们子女感兴趣的人，都可以一起参与到这些步骤中。

目　录

表　单

第一章

女性丧偶者的年龄①

女性丧偶者研究：基于 1910 年某慈善组织
会社所知的 985 人

统计学上呈现的女性丧偶者年龄分布正如所有社会工作者所意识到的一样，是一段30～40岁艰苦岁月的故事。这段故事紧跟在早期小规模家庭的轻松岁月之后，又发生在子女足以独立赚取生活费的第二个轻松阶段之前。

超过半数的女性丧偶者都处在30～40岁这一年龄段。合理地推测，在9座城市的小市民中，至少有同等数量的妇女在40～50岁成为女性丧偶者，但数据显示，在这一时期，大约只有50%不到的女性丧偶者向慈善组织会社提出援助请求。当然，她们子女的赚钱能力是数据差异的一个主要解释。

① 我们编写了一份概要来展现所研究的女性丧偶者的国籍，它具有一些社会意义，因为某些国籍的人士通常是由慈善组织会社以外的代理机构来照顾。主要的国籍有：美国(白人)302人，波兰168人，爱尔兰161人，意大利113人。为了简洁起见，9个慈善组织会社以下将被称为“会社”。

表 1-1 丈夫去世时女性丧偶者的年龄及数量

丈夫去世时女性丧偶者的年龄	女性丧偶者数(人)
小于 25 岁	36
25～29 岁	123
30～34 岁	252
35～39 岁	253
40～44 岁	165
45～49 岁	77
50 岁及以上	18
合计	924
信息缺失	61
总计	985

第二章

第二章

女性丧偶者作为母亲的特征

女性丧偶者研究：基于 1910 年某慈善组织会社所知的 985 人

女性丧偶者作为母亲的特征如表 2 - 1 所示。

表 2 - 1 女性丧偶者作为母亲的特征

特征		女性丧偶者数(人)
美国人		
“好的”		4
“合理的”		1
“不道德的”		2
“不真实且过度的”		1
“因大量诡计而有罪的”		1
没有体现		1
	合计	10
意大利人		
“好的”		2
“合理的”		2
“不整洁且管不好子女的”		2
“不道德的”		1
没有体现		1
	合计	8
爱尔兰人		
“好的”		18
“合理的”		3
“烂醉且玩忽职守的”		3
“容易起争执且管不好子女的”		2
没有体现		1
	合计	27
其他所有国籍		

续 表

特 征	女性丧偶者数(人)
“好的”	33
“不道德的”	8
“酗酒的”	3
“差劲的”	2
“管不好子女的”	6
“合理的”	6
没有体现	3
合计	61

这是日程调查表中唯一列表数据判断不充分的条目，这个条目是有关作为母亲的女性丧偶者的特征的。对此我们做了一些尝试，根据家庭背景段落来提取事实，对特别研究的61名女性丧偶者进行了分类。

术语“好的”“合理的”“不道德的”等都无法准确描述具体内容。一位出逃与男人私奔到爱尔兰的妈妈最终还是回到她的孩子身边，不能说她很坏，还是有很多人认为她是好的，计数结果也是这样显示的。一些行为放纵的妇女们也常常患有疾病，她们中至少还有1名精神失常的。拒绝医疗和郊游的“好”母亲，从治疗的角度来看，比临时逃跑的母亲有更加严重的问题。很多无动于衷、不愿意做任何规划的妇女往往是那些从来没有毅力,或者在丧偶之前就失去毅力的人。在更严重的犯罪失责没有发生的情况下,她们被描述为“合理的”。

女性丧偶者研究：基于 1910 年某慈善组织会社所知的 985 人

第三章

丈夫的死因

女性丧偶者研究：基于 1910 年某慈善组织
会社所知的 985 人

肺结核是丧偶的主要原因，正如下面的表 3－1 所示。

表 3－1　丈夫的死因

原　因		死　亡　数(人)
肺结核		230
肺炎		97
工伤事故		70
心脏病		64
非工伤事故		62
瘫痪		20
自杀		17
水肿		13
其他原因		226
	合计	799
信息缺失		186
	总计	985

如表 3－1 所示，肺结核在死因中约占 29%，加上工伤事故也与此相关[①]，如果合并计算，那么约有 38%的死因归结于肺结核。这个数据的意义不言而喻。会社有义务高度关注这些丈夫因肺结核而死亡的家庭，因为暴露在此流行病下的女性丧偶者和子女有传播和蔓延传染病的风险。

① 在这张表格中，除非提及相反情况，否则百分比都是基于提供信息的女性丧偶者(或子女)的数量。

工伤事故伤害赔偿事实的整理仅是为了证实各委员会正在进行的调查而已。

表 3－2　工伤事故伤害赔偿金

事故伤害赔偿金		丈夫死于工伤的女性丧偶者数(人)
没有收到或正在控诉没有收到事故伤害赔偿金		36
收到事故伤害赔偿金		
少于 100 美元	2	
100～250 美元(不足 250 美元)	9	
250～500 美元(不足 500 美元)	6	
500～1 000 美元(不足 1 000 美元)	5	
1 000 美元及以上	4	26
没有收到但事故伤害赔偿金待定		5
	合计	67
信息缺失		3
	总计	70

表 3－2 中的 26 名女性丧偶者虽然已经收到了她们丈夫因工伤死亡的伤害赔偿金，但她们其中的许多人却不得不面对这样一个现实——这些少得可怜的伤害赔偿金又一次重重“伤害”了这些失去丈夫的可怜的人们，因为她们并没有其他收入途径，这份赔偿金本应该好好补偿她们。

第四章

丈夫去世时的经济来源

女性丧偶者研究：基于 1910 年某慈善组织会社所知的 985 人

在这一研究问题上，这些女性丧偶者的资料显示，851 名女性丧偶者中有四分之一以上丈夫去世时没有留下财产。数据如下：

表 4－1　丈夫去世时的经济来源

经济情况	女性丧偶者数(人)	
有其他来源		
有确切金额	545	
不确切	55	600
无其他来源		251
合计		851
信息缺失		134
总计		985

在调查表中这个问题被明确提出[①]，而且只有当这名女性丧偶者向制表者明确地表明自己没有资产时才会被记录下来。那些没有说明是否留下资产的女性丧偶者被归入“信息缺失”一类。

如果所有资金来源都被考虑进去，可能最重要的就是保险金了。

① 调查表请参见附录二。

这张表只包括前表中留下确定资产信息的 545 名女性丧偶者。然而，这里的女性丧偶者总数超过了那个数字，因为部分女性丧偶者有几种资源被重复计数了。

表 4－2　剩余经济来源的种类

来 源 种 类	女性丧偶者数(人)	总　金　额(美元)
保险金	412	147 674
抚恤金	85	24 603
赔偿金	26	21 066
存款	21	5 595
其他来源	61	9 620
总计		208 558

表 4－2 中的“其他来源”包括朋友的捐赠、雇主的礼物等。这些和赔偿金相比较不常见。“自助”的来源显然也包含在内。只考虑那些留下明确财产的家庭，不包括赔偿金，平均财产为每户 361 美元①。从表 4－3 可以看出作为最重要财产来源的保险金实际上是很少的。

表 4－3　留给女性丧偶者的保险金

保险金数额(美元)	女性丧偶者数(人)
低于 500	
低于 100	49

① 此处的数据似乎有误，“361 美元”应为“324 美元”。表 4－2 中女性丧偶者家庭共 605 个，各类剩余经济来源总金额 208 558 美元。计算时应减去获得赔偿金的 26 个家庭，以及获得的赔偿金 21 066 美元，即以 187 492 美元除以 579 户。但文中是以 208 558 美元除以 579 户计算的。——译者注

续　表

保险金数额(美元)	女性丧偶者数(人)	
100～200(不足 200)	142	
200～300(不足 300)	84	
300～400(不足 400)	24	
400～500(不足 500)	14	313
500～1 000(不足 1 000)		60
1 000～1 500(不足 1 500)		22
1 500～2 000(不足 2 000)		1
2 000 及以上		16
合计		412
信息缺失		13
总计		425

穷人持有的小额保险有时被称为"殡葬保险",经常被用于支付一个体面的葬礼。丈夫葬礼的费用不需要记录在明细上,但是由于有 237 个家庭用它支付了葬礼费用,表 4－4 总结了这些数据。

我们发现比较葬礼费用和丈夫死亡时留给妇女的总资产是有意思的。在这一比较中我们排除了 32 户遗留总资源达到或超过 500 美元的家庭。

表 4－4　给予 237 个家庭的丈夫葬礼费用

费　　用(美元)		葬　礼　数(场)
低于 100		
低于 25	3	
25～50(不足 50)	9	
50～75(不足 75)	28	
75～100(不足 100)	46	86
100～200(不足 200)		133
200～300(不足 300)		17
300 及以上		1
总计		237

**表 4－5　在丈夫葬礼后家庭剩余资金
不足 500 美元的 205 个家庭**

原有资金	33 337 美元
葬礼费用	21 881 美元

表 4－5 显示留给这些家庭的财产，有几乎三分之二因为马上支付葬礼费而被用完。

第五章

丈夫死亡之前的救济

女性丧偶者研究：基于 1910 年某慈善组织会社所知的 985 人

我们本希望这些清单可以提供一些关于这些女性丧偶者们所代表的不同类型家庭的信息——本来就或多或少惯常地接受来自慈善机构救济的家庭，可能与成为女性丧偶者这一事实无关；或是直到她们丈夫去世才开始接受慈善机构的救济。这一清单的回应很令人满意，如表 5-1 所示。

表 5-1　在丈夫去世前的慈善援助

慈善组织会社有相关记录	363 名女性丧偶者
慈善组织会社无相关记录	622 名女性丧偶者①
总计	985 名女性丧偶者

表 5-1 显示，在此列出的 985 个家庭里，有 363 个家庭（约占 37%）有在丈夫去世之前接受过慈善组织会社救济的相关记录。关于早期获得救助的信息通常在丈夫去世后②才能获得，并且大部分列出的慈善组织会社在清单所涵盖的时间里都没有保密协议，所以这一获取早期历史线索的方法并不总是行得通。因为这些原因，几乎可以肯定的是，有很多已提供的救济都没有被慈善组织会社记录下来。因此，在早期就获得慈善机构救济的

① 包括 498 个没有获得此类救济的家庭，此外，还有 124 个家庭，慈善组织会社对于其是否在丈夫去世之前就接受救济这件事上没有做说明。

② 在 363 个家庭中，只有 123 个家庭在丈夫去世之前由慈善组织会社自己提供帮助。

家庭的实际比例肯定远远高于 37%。也就是说，以上列出的 985 个家庭并不能代表整个养家之人去世的工薪阶层群体。他们之中大概有 33.3%～50%的人是部分依赖其他途径的——在家里的顶梁柱去世之前或多或少不能仅靠自家收入来养家的家庭。这一事实就是，在一些案例中，救济是发生在家庭失去丈夫之前的——凸显了女性丧偶者及其子女们尤其需要各种技术帮助的事实——而不仅仅是物质上的救济。

之后的一个表格显示了那些在其丈夫在世时仍然在工作的妇女数量，并会给我们带来这样的疑问：难道没有这样一种情况，即在丈夫去世前妻子们就已经出去工作，养家糊口，但却被记录为接受救济？事实是，有 126 个家庭没有被记录为在丈夫去世之前接受过物资救济，而这些家庭里的妇女都曾工作过。因此，考虑到这些家庭不能被认为在经济上是“正常的”，这 126 个家庭必须和那 363 个在丈夫去世之前接受物资救济的家庭加在一起，才构成实际接受此类救济的家庭总数，即 489 个家庭。也就是说，这几乎是列表上全部 985 个家庭的一半。

如此多的家庭在丈夫去世之前不能自给自足的一个原因，在表 5－2 的研究中很明显地表现了出来（尽管这个原因有时是结果）。

表 5-2 丈夫的“平时收入”

“平时收入”(美元/周)		丈夫数(人)
低于 6		17
6～7		23
8～9		198
10～11		125
12～13		144
14～15		92
16～17		31
18～20		36
超过 20		50
	合计	716
信息缺失		269
	总计	985

很明显，在 716 名男性中有 507 位，也就是超过三分之二的男性通常每周工资还不到 14 美元。超过半数的男性每周工资不到 12 美元或每天不到 2 美元。占比最大的群体是那些每周赚 8～10 美元的男性，有 198 名。

第六章

从丈夫去世到申请慈善组织会社救济之间的时期

女性丧偶者研究：基于 1910 年某慈善组织会社所知的 985 人

并不是所有得到慈善组织会社援助的女性丧偶者都是直接提出申请的，有些女性丧偶者往往是向一些政府机构、教会或者私人慈善机构提出申请，然后被转介到慈善组织会社。所有向慈善机构提出申请的案例都已经被整理成表格。

如表 6－1 所示，申请任何形式福利援助的女性丧偶者通常都在丈夫去世后不久就着手此事。超过三分之二的女性丧偶者在失去丈夫一年内放弃争取自力更生。然而另一种极端情况是，有 50 人在丈夫去世 5 年甚至更长时间后都没有申请福利援助。在后者之外，当然还有一个群体没有出现在表格中，但是她们在穷人中构成一个重要阶层：这些女性丧偶者已经能够独立生活，或者她们的社会关系足以支持她们解决生计问题。

表 6－1　从丈夫去世到女性丧偶者申请慈善援助的间隔时长

间隔时长		女性丧偶者数(人)
1 年内		
无间隔(例如，在丈夫去世时就在慈善会社的照顾下)	171	
3 个月内	288	
3～5 个月	113	
6～11 个月	107	679
1～2 年(不到 2 年)		102

续 表

间隔时长		女性丧偶者数(人)
2～3 年(不到 3 年)		60
3～4 年(不到 4 年)		41
4～5 年(不到 5 年)		25
5 年及 5 年以上		50
	合计	957
信息缺失		28
	总计	985

第七章

治疗期间所制订的计划

女性丧偶者研究：基于 1910 年某慈善组织
会社所知的 985 人

从此研究立场来看，慈善组织会社提供治疗的阶段是研究中最重要的部分，同时也是慈善组织会社拥有信息资料最完善的阶段。然而，那些主要将家庭康复（family rehabilitation）工作和单纯的救济工作区别开来的治疗因素，本身并不容易通过数据来呈现。这些治疗因素在之后总结的家庭故事中会被讨论到。

这些段落概要中的一个突出的事实是，这些计划不是被彻底地改变就是存在部分变动。我们把每个明确的改变都记为一个“变化”，记录如下：

在 5 个家庭中	没有变化
在 18 个家庭中	有 1 个变化
在 20 个家庭中	有 2 个变化
在 14 个家庭中	有 3 个变化
在 3 个家庭中	有 4 个变化
在 1 个家庭中	有 9 个变化

其中一些改变显然是由于在治疗的第一个月里，对患者实际病情的认识不足以及缺乏合理的救治措施。一方面，对有 1 个变化的案例的调查显示，这些案例要么很新，要么在治疗和监管上不那么令人满意。另一方面，有一点似乎是明确的，案例中很多明显的改变并没有共通之处，如母亲自身情况欠稳定，处理

自身问题的能力差，或者是母亲与那些救济机构、公共机构及私人机构的合作欠佳，事实上，她和她的孩子需要与这些机构保持联系。仅有的 1 个发生了 9 个变化的案例表现出了所有这些缺点。首先，她对于得到一个及时的医学诊断并不在意。之后，尝试让女性丧偶者相信自己患病的措施也失败了。再后来，她表现出了犹豫不决和泄气，深入考虑当前的情况，想联合许多救助机构一起行动也失败了，之后由于母亲自身的不作为，机构转向尽可能地为孩子们提供帮助。

对那些在治疗后得到最佳结果的案例的调查显示，计划中有 1～4 项的变化是必要的。这是唯一可能符合预期的。无论在社会上还是医学临床个案中，都有这样一句话："任何的治疗都是实验。"那些将一成不变的预案套用到复杂多变的家庭生活上的尝试，尽管是无罪的，却是一种庸医的过失。

第八章

女性丧偶者们在接受会社治疗前及治疗中的工作

女性丧偶者研究：基于 1910 年某慈善组织会社所知的 985 人

这里提供的统计表主要涉及治疗中物质方面的问题。其中占据支配地位的是女性丧偶者自己工作的问题，这是几个调查表调查的主题，它们的结果列在以下表格中。

表8-1尝试回答已经提到的一个问题。例如，这些女性丧偶者中有多少曾在结婚前，或者丈夫生前就已经开始职业生涯？由于其他城市的慈善组织会社似乎没有完全讨论到这一点，因此必须限于一个城市，当然主要是因为绝大多数的妇女在向慈善组织会社申请援助之前已经是女性丧偶者，而访问者显然没有意识到记录以往工作信息的重要性，即使它对未来计划的明智规划非常重要。

表8-1　不同时期的工作(由1910年在会社照顾下的女性丧偶者提供①)

工作与否		结婚前(人)	已婚至丈夫去世(人)	丈夫去世后受会社照顾期间(人)
工作		213	147	289
未工作		120	213	77
	合计	333	360	366
信息缺失		36	9	3
	总计	369	369	369

---

① 比较这三个时期的职业发现，213名在结婚前有工作的女性丧偶者中，约有60%曾经是用人。在后两个时期，这一工作几乎消失了，取而代之的是在职位中占据大比例的“日班工作”。数据显示，在结婚到丈夫去世之间工作的147人中，约有72%从事日班工作，在接受慈善组织会社治疗期间工作的289人中，约有57%从事日班工作。

表8－1显示了一个城市中女性丧偶者们在三个时期的工作情况，在其他城市的不完整的数据中也可以看到几乎相同的变化。有一点很重要，在360名女性丧偶者中，有147人（约占41%）在丈夫在世时工作。

表8－2显示了所有慈善组织会社统计的在接受帮助期间参加工作的女性丧偶者的人数。

表8－2　慈善组织会社照顾时期参加工作的女性丧偶者人数（人）

工作		794
未工作		154
	合计	948
信息缺失		37
	合计	985

948名女性丧偶者中，有794名（约占总数的84%）在接受帮助期间进行少量的工作，熟悉慈善组织工作的人对此不会感到吃惊。慈善组织会社经常鼓励女性丧偶者除了照顾家庭和孩子外，还要承担一些其他责任，做一些力所能及的经常性工作。[①] 当然，

① 从美国慈善和矫正会议记录中，波士顿慈善协会的Alice L. Higgins和Florence Windom的题为《从帮助女性丧偶者到培育公民》一文中摘录以下内容：

"首先要考虑的问题是，在决定定期给予基础救济金之后，是否应该给予全额救济金或者应该鼓励女性丧偶者们去赚钱。在最近一次波士顿慈善协会地区会议上，与会者们讨论了女性丧偶者的就业问题。大部分干事认为，对于母亲来说每周外出工（转下页）

必须小心选择这些工作。慈善组织会社是否习惯性地利用其影响力来确保最明智的职业选择，这应该体现在表8－3中。

（接上页）作一两天比让她们一直待在家里更好，因为即使生活在公寓里有时也是很枯燥的，除非那里有一个小婴儿需要照顾，这样可以在他学龄前带他去日间托儿所或者交给亲戚或可信赖的邻居照顾。如果一个女人居住在大部分已婚妇女也去工作赚钱的街区，或者如果这个女性丧偶者在丈夫去世前工作过，那么在她或者她的那些邻居看来，不工作是不正常的。慈善组织协会了解的女性丧偶者，即使家庭成员很多，如果身体健康，也会去赚钱。即使赚的钱不多，有时每星期不超过1美元，但这会给母亲和子女带来很大的影响，并能引起子女对母亲产生一种特殊的归属感。一些社会工作者认为，当孩子上学的时候，母亲大部分时间可以安心地工作。但是，当女孩和男孩在11～16岁时，比起小时候，他们需要更细致的关心，特别是因为这个年龄段是叛逆期的开始，孩子们需要母亲不能太疲倦以至疏于教育孩子，给孩子们带来道德危机。

然而，所有这一切都是一个强烈的个人问题，是一个需要在体力和家庭条件之间进行微妙调整的问题。女人应该始终清楚地认识到，无论她做什么，主要目的都是抚养她的孩子……

我们的一些日间托儿所试图让孩子的母亲在一周中除了周日外，只在家中待一天，作为允许孩子进入托儿所的条件，以此来提防母亲们不喜欢外出的习惯。我们地区计划随时为每周在家的时间少于两天的母亲提供一笔津贴……

我们曾说过，波士顿地区的干事们为女性丧偶者们提供了工作机会。在考虑到目前提供的工作岗位时，干事们谴责办公室的清洁工作总是在很早的清晨和很晚的晚间进行的，尽管这期间女性丧偶者们可用来在家中做家务活，然而她们失去的睡眠时间也很少能得到补偿。这样的工作使她们容易在晚上和清晨受到酒吧或者其他因素的引诱，膝盖也容易受到磨损，长期使用的某些肥皂也会引起皮肤发炎。由于工作环境恶劣，干事们反对让女性丧偶者们从事火车站或者车站的清洁工作，而且都认为租房给男性房客是很危险的。一些救济机构也有同感，当女性丧偶者接受男性房客时，他们拒绝提供救济。

在中午营业的餐厅上班、做缝补工作、照看儿童、为意大利人种植商品蔬菜，以及白天去私人家里帮佣被认为是比较好的工作，因为在井然有序的家庭环境里，友好的雇主对女性丧偶者们来说是很有帮助的。裁缝会让女性丧偶者把整理工作带回家去做，但这样的工作收入并不高，而且必须警惕‘血汗工厂’。”

表8－3所列的分类对于许多家庭来说是难以界定的。例如，在几个月或几年的治疗期间，女性丧偶者有时可能在家里工作，有时在外面工作，或者她可能已经从事一系列不同的职业。很可能慈善组织会社记录的只是常见的那份工作，一般是薪水最高，工作时间最长的工作。偶尔，某个慈善组织会社会记录女性丧偶者们做过的好几个职业。当必须做出选择的时候，偏向选择从女性丧偶者的角度来说最严峻的情况。如果一个女性丧偶者同时从事两份“相连”工作，但只能记录一种工作时，则前者会被记录。

表8－3 慈善组织会社照顾时期的女性丧偶者职业
（以在家庭内还是家庭外为分类标准）

工作地点和职业	女性丧偶者数(人)	
只在她们家庭内工作		
照顾寄膳者或寄宿者	54	
洗涤	59	
缝纫	48	
女警卫工作	5	
两种或多种家务的混合	48	
其他家务	10	
某类家务的信息缺失	2	226
只在她们家庭外工作		
日班工作（包括办公室工作、其他清洁工作和在外女警卫工作）	315	
工厂工作	47	
在外缝纫	19	

续　表

工作地点和职业	女性丧偶者数（人）	
用人服务	30	
女售货员	4	
两种或多种工作的混合	5	
其他在外工作	39	
某类在外工作的信息缺失	3	462
参与两类或多类工作，一个或更多的在家工作，一个或更多的在外工作		106
总计		794

人们可能会认为，需要照顾孩子的女性丧偶者会选择在家庭内工作。尽管在外工作的好机会很少，且有在“血汗工厂”工作的危险，但根据她们自身的倾向，这些女性更渴望从事家庭外的工作。在 794 名女性丧偶者中，仅有 226 人希望完全在家里从事有偿的工作。①

如果留心女性丧偶者们从事的职业明细，就会意识到日班工作②很可能是主要的职业。但是，对于表 8 - 3 统计的所有女性

① 在附录一中，带有年幼子女的 61 名女性丧偶者中，20 名女性丧偶者待在家中而不是去外面工作。这 20 名女性丧偶者中，13 人的身体并不强壮，14 人没有从事有偿工作，此外，在某些情况下，还照顾一两个房客或者寄宿者。另外 6 个案例中，女性丧偶者从事着：(1) 一些缝纫工作；(2) 一天五个小时折叠和标记鞋带；(3) 照顾别人的孩子并做少量的洗涤工作；(4) 做纸花和洗涤工作；(5) 洗涤工作；(6) 照管婴儿。没有迹象表明这些案例中的女性丧偶者工作过劳。

② 日班工作指不进行工作轮换制的一种劳动组织形式。

丧偶者从事的职业以及其他特定类型的职业，查阅下面这张分析上述职业同其他职业结合情况（或者可能的话，在某些情况下，在一周中或多或少地和其他职业进行交替）的表格是很有必要的。

表 8－4　在会社治疗下女性丧偶者们的复合工作分组①

工作形式	女性丧偶者数（人）	
至少两种在家工作		
提供寄膳或寄宿以及家庭洗涤	18	
家庭缝纫	11	
家庭缝纫和家庭洗涤	1	
女门卫	1	
女门卫和家庭洗涤	1	
家庭洗涤和家庭缝纫	3	
家庭洗涤和其他家务	3	
家庭缝纫和其他家务	1	48②
至少两种外出工作		
日班工作③和外出缝纫	3	
日班工作和其他外出工作	2	5
两种或多种工作，至少一种在家工作或至少一种外出工作		

① 对明细的深入研究表明，这里的一些职业，当它们有结合的可能时就会被“结合”。和各个慈善组织会社的沟通也可能减少一些这样的情况发生。但毫无疑问，仍然有相当多的错误存在。

② 此处的数据有误，“48”应为“39”。——译者注

③ “日班工作”包括“清洗工作”或“办公室清洁工作”，以及“室外女门卫”工作。

续 表

工作形式	女性丧偶者数(人)	
提供寄膳或寄宿以及日班工作	78	
外出缝纫	6	
工厂工作	4	
其他外出工作	1	
日班工作和家庭缝纫	3	
日班工作和外出缝纫	1	
日班工作和家庭洗涤	2	
日班工作和女门卫	1	
日班工作和女门卫和家庭缝纫	1	
家庭缝纫和工厂工作	1	
家庭洗涤和工厂工作	1	
女门卫和日班工作	2	
日班工作和家庭洗涤	4	
日班工作和其他家务	1	106
总计		159

表 8－5 中给出了关于女性丧偶者们从事的职业的更完整描述，该表结合了前面两个表中给出的数据。

除了日班工作，排在前列的职业还包括打扫私人住宅，女性丧偶者每周定期受雇为几个家庭打扫一整天。关于提供膳者和寄宿的问题将在下文讨论。家庭缝纫小组包括一些从血汗工厂承包的“家内完工”工作。但是，48 名妇女中只有 6 名在家里做缝纫工作。其他大部分人做的是由某些教会组织提供的称为

表 8－5　在会社治疗期间女性丧偶者工作的职位

职　　业	女性丧偶者数(人)
日班工作(在女性丧偶者家庭外的工作)①	413
提供寄膳或是寄宿	188
清洗(在女性丧偶者家庭内)	98
缝纫(在女性丧偶者家庭内)	69
工厂工作②	53
用人服务	30
缝纫(在女性丧偶者家庭外)	29
女性丧偶者生活家庭的门卫和清扫工作	17
女商人	4
其他所有职业	60
合计	961
信息缺失	5
总计	966③

“教会缝纫”的工作。

慈善组织会社提供给妇女们的工作带给她们的家庭或孩子们的压力或者效果，不仅仅取决于工作的性质和孩子们的年龄，

① 其中包括 54 名记录为“清洁工”的妇女，具体情况如下：在办公室，31 人；在剧院，3 人；在商店，2 人；在教堂，1 人；在学校，1 人；没有指定地点，6 人。这些妇女大多数在晚上工作，但其中有 8 人不是，另有 3 人可能不是。

② 包括在商店和慈善洗衣店工作。

③ 超过 794 名女性丧偶者(工作的女性丧偶者人数)，因为在这个表中有两个或更多职业而被统计两次或多次。

还取决于每天和每周工作的时间，以及包含在这其中的离开家庭的时间，还有缺勤的时间。

关于外出工作的女性丧偶者，首先要明确信息。仔细阅读调查表："明确从几点到几点（上午和下午）她们需要离开家？"这强调的重点不在于工作的时间，而是不在家的时间。不幸的是，由于种种原因，答复的准确性值得质疑。一个慈善组织会社的调查表显示，由于没有理解问题，他们登记的是工作时间，而不是按要求登记离家时间。另一个慈善组织会社则在评估上下班的自由时间时，夸大了离开家庭的情况。在那个城市，四分之三从事外出工作（除了清洁工作）的妇女在记录中显示早上 7 点到下午 6 点离家工作。而那里白班的正常工作时间是上午 8 点到下午 5 点。那个慈善组织会社的助理秘书写到她们上下班几乎不需要花费一个小时。我们无法通过通信来纠正如此普遍的误解，估算这些数字包含的错误数量也不是明智的做法，因此没有一个表格能准确显示每天工作或离开家庭的时间。

在某些情况下即使全天工作可能也不令人讨厌，只要不是一周每天都是这样。这些表格没有直接调查每周工作的天数，但是 84 个调查表给出了关于这一点的信息，表 8－6 总结了这些数据，通过合并每名女性丧偶者每天工作的时间以得出每周工作的总时间。

表 8-6　会社治疗期间 84 名外出工作的女性丧偶者每周离开家的小时数

每周离家小时数	女性丧偶者数(人)
低于 10 小时	4
10～20 小时(不足 20 小时)	15
20～30 小时(不足 30 小时)	28
30～40 小时(不足 40 小时)	20
40～50 小时(不足 50 小时)	10
50～60 小时(不足 60 小时)	2
60 小时及以上	5
总计	84

尽管表 8-6 中的数据容易受到上文描述的每天工作时间的错误的影响，但这里适当允许存有这样的错误。在记录了工作时间的 84 名女性丧偶者中，有 47 名(超过半数)的女性丧偶者是在家工作或是从事着每周离家时间少于 30 小时的工作。更严峻的选择在于，这 30 个小时只是实际工作时间。在 1910 年，任何一个城市规定的女性每周合法的工作时间下限，几乎是这个时间的两倍，为 56 个小时。①

由于女性丧偶者每周的总收入、外出工作的女性丧偶者每周外出工作的时间上限等信息已被询问过，因此，表 8-7 中的信息基本上是准确的。因为表中列出了一些家庭工作所

① 某个慈善组织会社努力使一名女性减少工作天数，取而代之的是让她接受慈善组织会社的救济。

得收入，比如家庭工作和外出工作相结合时的情况，这些数据趋向于过度强调外出工作的量。

表 8-7 会社治疗期间外出工作的女性丧偶者每周所得

每周收入		女性丧偶者数(人)
低于 2 美元		15
2～4 美元(不足 4 美元)		143
4～6 美元(不足 6 美元)		201
6～8 美元(不足 8 美元)		106
8～10 美元(不足 10 美元)		19
10 美元及以上		6
	合计	490
信息缺失		78
	总计	568

因为表 8-7 包含了应得的津贴，可以得出这样的结论：这里女性丧偶者的收入通常远远少于每周工作五天半，或者六天的一般工厂或者商店售货员的收入。[①] 每周挣取的工资虽然很

① 上面的工资的积累百分比分布，可以与马萨诸塞州最低工资委员会报道的 11 859 名有收入的年龄在 18 岁以上的妇女做比较，这些女性都在工资很低的机构工作，比如百货商店、糖果工厂、洗衣店和棉纺织厂。

收入群组	11 859 名马萨诸塞州报道的有收入妇女的百分比(%)	表 8-7 中 490 名女性丧偶者的百分比(%)
每周低于 4 美元	10	32
每周低于 6 美元	39	73
每周低于 8 美元	69	95

少但并不会引起异常低的日工资率。因为很大比例的女性在私人家中做着日班工作，这个工作的日薪水平通常比工厂或商店的不熟练的工人的工资还高。

表8－8显示了她们做的夜班工作的情况，由此可以看出女性丧偶者们从事工作的困难程度或适宜程度。

表8－8　在会社治疗期间夜晚在外工作的女性丧偶者们——例如，上午6点前或下午6点后

A组　上午6点前在外工作		
离开家	回到家	女性丧偶者数（人）
在半夜12点	在上午8点	1^{++}
在上午2点	在上午8点30分	1^{++}
在上午4点	在上午7点	1^{++++}
在上午4点	在上午9点	1^{++++}
在上午5点	在上午10点或11点	1
	合计	5

B组　上午6点前、下午6点后均在外工作				
离开家	回到家	离开家	回到家	女性丧偶者数（人）
在上午4点	在上午7点	在下午6点	在下午10点30分	1^{++++}
在上午5点或者5点30分	在上午8点或者9点	在下午4点、5点或者6点	在下午6点30分、7点、8点或者9点	8
		在下午9点	在上午6点	1^{++++}
		在下午11点	在上午4点	1^{++++}

续　表

B组　上午6点前、下午6点后均在外工作				
离开家	回到家	离开家	回到家	女性丧偶者数(人)
整夜在外				1^{++}
无规律的看护时间(整天)				1
一大早或者大晚上				1
一大早和晚上				1
早晚				1
合计				16

C组　下午6点后在外工作		
离开家	回到家	女性丧偶者数(人)
在下午3点30分、4点、5点、6点	在6点30分、7点或者7点30分	6
在下午5点	在下午8点	7
在下午5点或者6点	在下午9点	4
在下午5点	在下午10点	1
在下午5点	在下午12点	1^{++++}
在下午5点	在上午1点	1^{++++}
在上午7点	在下午9点①	1^{++++}
在上午10点	在下午10点②	1^{++++}
	"晚上"	3
	"在晚上"	2
	合计	27
	总计	48

① 仅2天;其他2天,上午7点到下午6点;余下2天,通常没有。

② 只有周六;其他时间,上午8点30分至下午6点。

这里共记录了437名女性丧偶者离家和回家的时间，或在少数情况下，记录的是大致的时间。在这些案例中，超过48人，或者说约11%在这里都被归为“夜班工作”类。除去夜班工作对身体的影响，多数母亲并不情愿在这段时间离开家庭，这段时间往往是需要她们做早餐或者晚餐，或者需要哄小孩子睡觉的时候。另外，晚上的工作势必会影响所有年龄段的子女们在当时所需要的关爱。如果按照这一标准来评判的话，在上面表格中的大多数工作都应该受到批判，而且更应该被指责的一个事实是，其中很大一部分工作就是打扫办公楼。在表格中最极端的例子如下：有3个例子（标记为++）中有慈善组织会社没有同意其工作的记录。其中一个例子中，当那位女性放弃这一工作后，定期津贴马上就被恢复了。在另一个例子中，慈善组织会社拒绝给予津贴，可能因为工作性质，尽管他们并没有明确地指出是这个原因。在第三个例子中，慈善组织会社认为夜间工作停止之后，没有必要去找新的收入来源。

在其余的9个例子中（标记为++++），既有慈善组织会社同意了妇女参加工作的记录，也有不同意的情况。这种对工作的同意或者很明显意义上的同意，是在已经给了其中2个家庭定期津贴和给了另3个家庭城市救助之后。

我们可以在上述例子里看到关于过度工作的明确暗示，在所有的这些例子里，女性丧偶者们在接受救济期间有时都在外面工作。那些负责家庭康复工作的人们应该认真研究这些例子。事实是，我们并不能确保所有女性丧偶者一定能够按照减轻压力的计划进行合作，这是导致记录中那些案例失败的原因之一。另外一个事实是，在一到两个例子里，已经停掉的救济金又被重新恢复，而且在7～9年前，这6个家庭中已经有4个家庭接受了积极救济。尽管如此，这些记录多少给试图努力救济女性丧偶者家庭的人们一个警示。

在上述例证之外，还应该呈现的是：这些女性丧偶者定期在外面工作的家庭最终都得到了好的结果。这并非是为错误找借口，而是为了说明实施灵活的家庭治疗计划的必要性。有3名女性丧偶者，1名患有神经衰弱症，1名患有精神抑郁症，还有1名从精神病中恢复过来，都从在外的工作中受益，如果没有去工作的话，她们绝不会过得这么好。1个执意要把孩子委托出去的女性丧偶者首先同意尝试接受6个月的全额津贴补助，接着选择出去工作和稍微缩减津贴，因为当她工作时她感觉自己的状态会更好。

当然，并非所有的女性丧偶者都在外做全职工作，正如我们之前说的那样，我们所有的计划都需要灵活性，并且需要对在外工作的条件进行更深入的研究。工作时间的长度、工作的具体时间和每周离开家工作的天数、小孩子们的年龄、母亲的性情和道德水准、身体和精神状况、邻居的道德水准、女性丧偶者在婚前或者在婚后所做的工作……所有以上这些因素都应该被考虑进来。如果在外工作取决于足够的保护措施——记录中几乎没有几条关于保护措施的记载，即使是那些结果很好的家庭中也很少看到相关记载。一些慈善组织会社现在主张以限制在外工作为条件来调整津贴金额，如果想要在外工作的话，最多是在一天的部分时间，或者是一周里的几个白天。

表 8－3 至表 8－5 中的多种市内工作形式中，照管寄膳者和寄宿者的工作是其中最重要的。从女性丧偶者所承受的负担这一立场来看，照管寄膳者和寄宿者之间有着很大的区别。因此，关于这一情形的总结，请参见表 8－9。

表 8－9　在会社治疗期间 188 名女性丧偶者所照管的寄膳者和寄宿者人数(人)

寄膳者	192
寄宿者	169
总　计	361

寄膳者和寄宿者的总数(361)几乎是通过这一工作来增加收入的女性丧偶者人数(188)的 2 倍，也就是平均每个家庭照管两个寄膳者或寄宿者。

在很多家庭中，当一个家庭的额外成员是弟弟或妹妹，又或者是这名女性丧偶者的父亲，且对于这个家庭在基金补助上有利时，这种分类情况很难被认定为是女性丧偶者照管寄膳者或者寄宿者。在表 8 - 10 中可以看到亲戚作为寄膳者或者寄宿者的身份，在多大程度上是一个家庭的收入来源。

表 8 - 10　寄膳者或寄宿者与女性丧偶者们的关系

关　系	寄膳者或寄宿者人数（人）
女性丧偶者亲属（成人）	107
非女性丧偶者亲属（成人）	178
孩童（无论是否有亲属关系）	29
没有体现	47
总计	361

由于道德原因，除了亲戚家人，不鼓励照管男性寄膳者或寄宿者是慈善组织会社通常的政策。在这一点上，尤其需要在日程表上提供相关信息，至今已知的信息可以总结如表 8 - 11 所示。

表 8 - 11　与女性丧偶者无亲属关系的寄膳者或寄宿者的性别

男性人数	117
女性人数	50
无记录显示的人数	11
总计	178

从表8－10、表8－11来看，361名寄膳者或寄宿者中的117个人很明显都违反了通常的政策。只有少数人可以在慈善组织会社检查时给出令人满意的解释：这13个男人已经结婚，且他们的妻子也都在身边。关于这种情况如果有更加全面的信息的话，可能违反政策的人数就不止上面提到的117人，尽管我们这里有可以引起慈善组织会社足够注意的数据。事实上，即使是对于那些获得定期津贴的家庭，慈善组织会社也不能进行合法的管控。只要家庭保持着这样的关系，无论是外部机构，还是公共舆论，抑或是私人情况，都无法完全掌控、管理这样的家庭。然而，这些外部机构仍然有一定的影响力，他们有扣留补助的能力，他们有时对家庭产生的影响可能是决定性的。关于上面提到的117名有男性寄膳者或寄宿者的家庭，由于清单上提供的信息不够完整，我们并不能对这种情况进行分析。①

表8－12　在会社治疗期间的私生子

录入过数据的女性丧偶者人数	985
在其中有私生子的女性丧偶者人数	19
私生子的总数	23

① 因为我们无法从日程表中得知不相关的男性寄膳者或寄宿者在家里的短短几个月或几个月内是否被给予救济，通常他们只是短暂居住。

在将近2%的家庭里，有明确迹象表明女性丧偶者在道德上有问题。如果和同一街区那些没有受到慈善组织会社关怀同时又有私生子的家庭数比较来看，这一比例可能看起来并不大，但是目前没有这种数据可以供我们进行比较。

女性丧偶者研究：基于 1910 年某慈善组织
会社所知的 985 人

第九章

子女的工作

女性丧偶者研究：基于 1910 年某慈善组织会社所知的 985 人

孩子们的工作对于在这里列出的很多家庭来说都是一个重要的收入来源。在总共985个家庭中的436个家庭(占比约为44%)中,子女的收入都构成了家庭总收入的一部分。这些数字包括所有年龄段的子女。曾有人试图去弄清楚是否有法定工作年龄以下的孩子去工作的现象,还有人对那些到法定工作年龄就立即去工作的子女和那些到法定年龄之后仍上了一两年甚至更长时间学的子女人数进行了比较。

按照这种分类方式所列出的表格需要将每个孩子的年龄精确到月份,因为在很多州,在13岁零10个月大时去工作是不合法的,但在14岁零1天时可能就是合法的了。不幸的是,我们发现慈善组织会社关于这些家庭的记载都不允许有如此确切的描述。在很多关于8年前或10年前进行首次申请的家庭的记录中,慈善组织会社仅仅登记了子女的出生年份。虽然现在慈善组织会社会记录准确的月份和日子,但我们可以相信过去足够多的记录允许我们尝试进行一些比较。一方面,上述比较似乎展现的不只是在非法工作年龄就去工作的个例(除了像一些男孩子做类似送报等这样不受劳动法限制的工作外),还包括大量十四五岁还在学校上学的子女——有些甚至上了更长时间的学。另一方面,似乎大部分子女都在达到合法工作年龄不久后就去工作了,而且毋庸置疑的是,他们的工作对于家庭而言的贡献是相当大的。尽管这是事实，但我们仍然认为这种情况（子女工作）在由慈善组织会社解决这些家庭的大部分问题之前并不会持续很长时间。慈善组织会社将会利用其对这些家庭的影响，使那些还在上学阶段的子女至少完成初中的课程，即使他们当时已经年满 16 周岁。有人试图在后一问题上获取更多的信息——在工作之前这些家庭的子女获得的分数——但是很明显，这些数据不会被慈善组织会社记录在案，尽管按道理应该要有所记录。因为可以获得的信息太不完整了，以至于没法进行总结。

一个很有趣的现象是，在很大程度上，依靠母亲生活的子女们与达到工作年龄的子女们处于平衡状态。如果假设这个工作年龄是 14 岁的话，那么记录显示，在 1910 年时，这些女性丧偶者的子女中有 2 500 人还不到这个年龄，而超过这个岁数的子女中，有 944 人仍然居住在家里。①

① 这些数据是用来支持上文提到的“不准确”的，但是对于记录中那些 13 或 14 岁的孩子而言这些数据是有局限性的。因为这些孩子只占其中一小部分，所以在这里可以忽略不计。

第十章

子女与母亲分离

女性丧偶者研究：基于 1910 年某慈善组织
会社所知的 985 人

对于本章的主题，我们制订了非常详尽的调查问询计划，收到了大量来自会社的补充信息，这些信息与问询计划中的一些有争议的观点有关。因此，我们相信，接下来的这些统计表将会完整地展现本阶段慈善援助的实施情况。

表 10－1　在会社治疗期间离开母亲的全年龄段子女(以居住地区分)

地　点	子　女　数(人)
儿童机构(非少年管教所)	308
亲属或朋友家	171
医院	59
因工作而离开	53
少年管教所	33
被收养	1
其他地方	16
地点不明	41
总计	682①

表 10－1 中，“少年管教所”类别下登记的子女表示那些做过错事，在被捕后或他们的母亲提出诉状后经法院判定需管教的人。“因工作而离开”类别下登记的主要是那些年长一些的子

① 表 10－1 中的统计数据和接下来的统计数据中，有 4 个子女被统计了 2 次，他们因不同原因与母亲分离了 2 次。因 1 个原因分离 2 次或更多次的子女仅被统计 1 次。下面这些子女也被统计在内：母亲申请会社援助之前就已被送走且在母亲申请援助时仍在外未归的子女。表格未包括 155 个已婚且远离自己母亲而居的子女。

女，他们找到工作后自力更生，不再住在家里或嫌住在家里不方便。“地点不明”类别下登记的子女也适用上面的解释。表中有 6 个类别不是我们考虑的重点。我们主要关注那些登记在“非少年管教所”类别下的 308 个子女。如果将他们进行区分，区分他们被送进儿童托管机构时到底有多少是经过会社认可的，又有多少是没有得到会社认可的，则关于他们的情况会更加清晰。

表 10－2 在会社治疗期间子女待在非少年管教所是否被会社认可

是否认可	子女数(人)	
会社不认可		
因定期补助或其他援助已提供	13	
因定期补助和援助已充分	8	
其他原因	5	26
表面上未得到会社的不认可		282
总计		308

当一位母亲看上去能够给予自己的子女必要的照顾且没有其他使家境更恶化的因素时，慈善组织将会启动经认可的援助程序，通过提供定期的补助或其他类似的援助保障这个家庭的完整性。当会社认为定期补助或其他援助已很充分，母亲更愿意将子女交给机构托管且这些机构也早准备接收他们时，面对

这种情况，会社实际上是无能为力的。表 10－3 显示在该分类下，已有 13 个被机构托管的子女未得到会社的同意。有 8 个例子会社认为其家庭的现有收入，即使没有慈善救助，也足以将子女留在家中。会社不同意将这 8 个子女和归入“其他原因”类别下的其他 5 个子女交给机构托管，其原因如表 10－3 所示。

表 10－3　认为不需要托管和援助的原因

家庭编号	原因说明	托管子女数(人)
40	女性丧偶者拥有土地但拒绝出售	2
652	女性丧偶者每月有 32 美元的财产性收入，亲属也能提供帮助，但女性丧偶者本人希望工作，因而托管子女	2
903	亲属愿意接收，但女性丧偶者本人更愿意做一名用人，付钱给机构托管自己的子女	2
850	女性丧偶者收入够本人开销，但她把唯一的子女送给机构托管，支付了一段时间的费用后人消失了	1
970	女性丧偶者的父亲希望女儿一家与他住在一起，并由他抚养他们，但女性丧偶者拒绝了	1
	总计	8
	其他原因	
23	会社认为女性丧偶者的家庭尚可且打算给予其定期补助，但有其他 3 家慈善机构认为这样会给他们带来不良影响，因而提前与该家庭进行了接触并获得了子女的托管权。会社正试图说服这 3 家机构接受自己的计划，将这些子女争取过来	5
	总计	5

另一组中的 282 个子女被送给机构托管明显是会社默许的，他们在接下来的表格中因多种不同的托管理由而显得很重要。

表 10－4　在会社治疗期间未得到许可在机构的儿童数（以承诺书为由）

理　　由		儿　童　数（人）
母亲生病		90
母亲性格		54
问题家庭影响		53
仅贫困		80
多种理由		5
	总计	282

当然，当母亲处于结核病的危险阶段[①]，或者行为习惯上不道德时，如果慈善组织会社不尽全力结束这样的家庭状态，就很容易遭受严厉的批评。表 10－4 中的前两组包括了所有这些情况。在“母亲性格”一组中，大多数的托养决定是在母亲被法院判定为不适合当自己的子女的监护人之后才做出的。其他案例中的女性往往有不道德的行为或存在其他不适合抚养自己孩子

① 越来越多的专家认为，儿童比成人更容易感染结核病。William H. Welch 博士（第七届美国结核病研究和预防的年会会议记录）称：“据我们最新的知识，有越来越多的充分的理由强调在生命早期预防结核病的重要性。其核心是隔离开放性肺结核患者，即主要是肺病患者。这样一来他们就不会将结核病传染给其他家庭成员，特别是儿童。”

的情况，但托养需经她们同意才能实现。在所有这样的情况下，慈善组织会社做出的决定相对比较容易。然而，第三和第四组中包含了更复杂的问题。“问题家庭影响”类的家庭尤其难以归类。他们表现出的那些暧昧的情况，使那些努力想给他们提供适当治疗的社工们很苦恼。母亲的不道德问题，可能仅仅是一种怀疑，或者会社可能并不能肯定她是不道德的，但这仍可能对她的孩子造成不良的影响。另外，如果慈善组织会社不能尽力安排好所涉及的子女们的福利分配问题，那就属于失职。特别是那些已经享有福利的子女们。

以下关于 53 个“问题家庭影响”组的儿童的分类，可以更清晰地显示这个情况。

表 10－5　受问题家庭影响的子女数量

家庭编号	家庭情况	托管子女数(人)	
	第一组		
25	该女性丧偶者生活作风不正，直到后来才被证实	2	
844	该女性丧偶者性格可疑	2	
91	该女性丧偶者性格可疑，登记入表后被证实生活作风不正	2	
122	该女性丧偶者是一名行乞者	3	
858	该女性丧偶者性格“稍可疑”	1	10

续表

家庭编号	家庭情况	托管子女数(人)	
	第二组		
820	该女性丧偶者生活奢靡,脾气暴躁	1	
129	该女性丧偶者存在“困难”	5	
162	该女性丧偶者不能很好地维持一个家庭	2	
97	该女性丧偶者懒惰,不称职	1	
308	该女性丧偶者“完全不称职”	2	
5	该女性丧偶者“在照顾孩子方面不明智”	1	
37	该女性丧偶者“不可信”	2	
30	该女性丧偶者拒绝照看孩子	1	
556	该女性丧偶者懒惰并且粗心,因患有结核病,对家里的孩子来说很危险	2	
848	该女性丧偶者“能力不足且不是一个很好的母亲”	5	
929	该女性丧偶者忽视对孩子的管教,向儿童保护协会(S.P.C.C)申请过救助	3	25
	第三组		
170	“由于两个男孩长大了母亲无法管教,女性丧偶者要求他们搬离家庭”	2	
201	一个男孩受伤了	1	
394	一个男孩有不良习惯	1	
87	该女性丧偶者“不能管教她自己的孩子”,据说生活作风不正	3	
651	该女性丧偶者不能管教她自己的孩子	3	
702	该女性丧偶者担心她的儿子会像一个兄长那样长大之后变坏	3	

续 表

家庭编号	家庭情况	托管子女数(人)	
817	一个男孩“很任性”，她的母亲不能管束他	1	
859	该女性丧偶者“不能管控”她的孩子	2	16
	第四组		
828	定期的补助金可以避免被托养的想法是不明智的，因为家里有两个可以挣钱养家的男孩，但他们的收入不够养家	2	2
	总计		53

表 10－4 中的最后一组中合并了五个儿童被托养的原因，包括两个家庭。在第一个家庭中，被托养的孩子体质孱弱，她的母亲忙于工作，不能很好地管教她。这个孩子还需要接受工厂提供的工作培训。在第二个家庭中，母亲想托养她的四个子女是因为她想在丈夫生病和去世后休养一段时间，此外，她不想再支付房租。

表 10－4 中的第四个大组，包括因“贫穷”而被托养的 80 个儿童，尽管可信的事实和数据很少，但这一组代表了我们现在正在写的大部分儿童。如果慈善组织会社能够为儿童提供在家的抚养费用，或者减轻母亲的工作负担(因为这使得她们不能照顾孩子)，这样的话，组里的所有儿童明显地都可以避免被托养。

表 10－6 显示这一组别的一个特征：

表 10－6　在会社治疗期间仅因贫困而寄养的子女数

时　间　配　置	子　女　数(人)
在向慈善会社申请之前	25
在慈善会社治疗期间	55
总计	80

关于上表所列的向慈善组织会社申请前母亲们就已经把子女托养出去的情况，如果慈善组织会社由于一些原因不能批准那些托养，那么理所当然地他们必须尽力将孩子还给他们的母亲，并提供适合他们回家居住的条件。会社在这方面的失败应该受到批评，但我们也了解有时劝说那些已经把子女送去慈善机构照顾的母亲重新照顾子女是一项艰巨的任务，且补救措施是必须部分通过公共途径筛选出来的慈善机构提供照顾，这需要比我们现在一些大城市做得更仔细才行。

在那些对孩子托养和解除托养疏于管理的城市，保持女性丧偶者家庭的完整也不会有好结果的说法未必是悖论。像附录一中描述的那样，一些女性丧偶者如此轻易地将她们的孩子托养给他人，再把他们领回来，如此反复，有时甚至达到 6 次或 8 次，这会沉重打击家庭工作服务者的士气。站在托养机构的工作人员立场上说句话，目前并没有充分的理由认为由公共和私人机构制订的家庭照顾计划是有缺陷的，疏于管理和解除责任本身是造成这种缺陷的原因之一。根据给出的结论，和第二个城市相比，第一个城市在家庭照顾上显示出更好的结果，这至少可以部分追溯到这样一个事实，即在那个城市，托养的孩子得到了合作管理，而且儿童保护部门的行动原则也是所有社会机构共同制订的。

回到“仅因贫困”托养的问题上，如果忽略托养在治疗之前或之后的区别，并且把注意力放在表 10－6 给出的总数上时，就会发现有 80 名儿童被托养显然是因为“贫穷”，并且经慈善组织会社批准后被安置在慈善机构或被允许留在那里。在他们母亲申请救济期间，985 个家庭的明细表里有 3 136 名 14 岁以下的孩子。在这段时间结束时（这些孩子们当然在治疗期间成长了），年龄在 14 岁以下的人数稍微减少到 2 500 人。这一期间，这 80 名孩子在某处被托养或之前被批准托养，结论就是只有 80 名儿童由于贫困的原因，经慈善组织会社的批准或默许，从可能的 3 136 或 2 500 人中选出，被安置进托养机构，时间或长或短，或者被留在了那里。在作为计算参数的第一或第二个总数中，这只占 2.5%或 3%。

在这些数据被确定地称为立法的基础之前，我们相信类似于上述情况的分析可以适用于现在所引用的因贫困而安置在慈善机构的儿童的数据上，并且所有关于救济母亲的计划的假设和推论也必须取决于这个试验。

现在可以考虑表 10－1 中第二组提到的“亲戚或朋友”了。表 10－7 列出了孩子与母亲分离的原因。

表 10－7　在会社治疗期间与亲戚或朋友居住在一起的子女数(以缘由区分)

理　　由	子　女　数(人)
母亲疾病	48
母亲性格	14
儿童疾病	7
问题家庭影响	15
仅因贫困	44
其他理由	43
总计	171

关于这个小组的孩子，需要指出的是，把这些孩子带到自己家里，是这些亲戚或朋友希望提供的帮助形式。有时候，这些临时家庭比女性丧偶者所能提供的更好，即使是在公共或私人救助机构提供的救济能完全满足女性丧偶者家庭需求的情况下，当然也并不总是这样。这种临时转移儿童的做法在完全正常的家庭中也并不罕见。

第十一章

物资救济

女性丧偶者研究：基于 1910 年某慈善组织会社所知的 985 人

调查表中的五项和物资救济主题相关，这些救助物资是由慈善组织会社，或者其他救助机构、公共机构、私人机构提供的。

表 11－1　会社记录显示的接受物资救济的家庭数

接受了物资救济	868 个家庭
没有接受物资救济	111 个家庭
信息缺失	6 个家庭
总计	985 个家庭

不能因为表 11－1 中约 11% 的家庭没有得到救助物资，就得出这些家庭并不需要救助物资的结论。对于这 11% 的家庭来说，接受救济是个明智的选择，但是有部分家庭不能建立这种联系。为了进一步了解那 111 例“没有接受物资救济”的家庭，我将在下面的分析中展开陈述 25 个有代表性的家庭。尽管在选择上很武断，但这 25 个家庭却是慈善组织会社报道的这些家庭中的一个组成部分。这 25 个有代表性的家庭不接受救济的原因，以及未满 14 岁的孩子的数量如表 11－2 所示。

表 11－2　不接受救济的原因及未满 14 岁的孩子的数量

家庭编号	不接受救济的原因	未满 14 岁的孩子的数量（人）
	一　只寻求暂时性救济的女性丧偶者	
103	该女性丧偶者肩部受过伤，她向她的牧师寻求过帮助，不久她搬家了，未能再寻找到她	2

续 表

家庭编号	不接受救济的原因	未满14岁的孩子的数量(人)
157	希望帮助埋葬一个婴儿,但发现她的朋友已预先付过钱了	1
	二 只希望帮忙寻找工作的女性丧偶者	
104	慈善组织会社帮助该女性丧偶者和她的孩子找到很多工作机会,但后来他们都靠自己找到了工作机会	1
121	调查显示该女性丧偶者并不想去做那些实际上她可以挣到很多钱的工作	1
133	该女性丧偶者希望慈善组织会社帮忙找到工作,后来自己找到了工作	1
	三 不情愿接受慈善组织会社救济的女性丧偶者	
122	该女性丧偶者不顾教会的反对向慈善组织会社申请救济,后来她被发现是一名行乞者	3
	四 不愿接受她的救助者提供的帮助而希望依靠自己能力生活的女性丧偶者	
150	由于资金不足,该女性丧偶者的生意被中止了。在对该女性丧偶者进行调查的过程中,她的资金情况得到了改善,后来就不需要帮助了	3
	五 不愿意接受救助金,因为家庭关系即将终结	
329	该女性丧偶者对自己的孩子疏于管教,生活作风不正,患有结核病,向儿童保护协会(S. P. C. C)申请过救济	3
339	该女性丧偶者智力低下,向儿童保护协会(S. P. C. C)申请过救济	2
	六 发现收入足够支撑生活的女性丧偶者	
233	该女性丧偶者的兄弟抚养了她的一个孩子,并说该女性丧偶者有能力养活自己和剩下的两个孩子,调查证实了这点	3

续 表

家庭编号	不接受救济的原因	未满 14 岁的孩子的数量(人)
350	该女性丧偶者在工作挣钱,她那 16 岁的儿子可能也在工作挣钱	1
358	雇主家给女性丧偶者和她的孩子提供了住处,教堂也给她提供帮助	1
120	该女性丧偶者在一个慈善洗衣店工作,遇到紧急情况时亲戚们也愿意提供帮助。她的一个孩子和一个朋友一起生活	2
398	该女性丧偶者和年龄大的孩子有工作,小的那个孩子现在 9 岁,该女性丧偶者并未寻求帮助,她是由医院转介至慈善组织会社的	1
	七　发现家里有生活费用的女性丧偶者	
171	该女性丧偶者在丈夫去世后得到 500 美元的死亡抚恤金,并有一个门卫的工作机会	4
304	该家庭在丈夫去世前接受过慈善组织会社的救济。在丈夫去世后的 6 个月里,由于有 350 美元的死亡抚恤金,他们不需要再接受救济。6 个月以后,死亡抚恤金用完后他们又定期接受救济	3
307	该家庭在丈夫去世前接受过慈善组织会社的救济。在丈夫去世后的 3 个月里,由于有 637 美元的死亡抚恤金和保险金,他们不需要再接受救济	3
349	该女性丧偶者被发现其丈夫去世后给她留下了一大笔钱,她的丈夫是个盲人,钱是乞讨所得	4
359	该女性丧偶者现仍依靠她的保险金度日,她的儿子每周工作挣 4 美元	3
	八　依赖救济金的女性丧偶者	

续　表

家庭编号	不接受救济的原因	未满 14 岁的孩子的数量(人)
237	该女性丧偶者(意大利人)趋向于依靠救济金过活，所以她短暂寄养她的两个孩子的申请获得了通过，她也在接受洗衣培训，这样她可以养活自己和第三个孩子。后来这个孩子去世了，该女性丧偶者成了一名很好的洗衣女工，也能养活她的另外两个孩子	3
	九　由于拒绝接受慈善组织会社所订计划而不能得到救济金的女性丧偶者	
	拒绝依靠亲戚生活的女性丧偶者	
334	慈善组织会社想把该女性丧偶者送至她母亲处，她的孩子们已经在那里了，在那里她也能工作	2
	拒绝放弃不体面的职业的女性丧偶者	
372	她是叙利亚人，她的主要工作是乞讨	6
	拒绝履行义务的女性丧偶者	
235	该女性丧偶者许诺暂时照管自己的孩子	2
	拒绝工作的女性丧偶者	
166	慈善组织会社帮该女性丧偶者支付了寻工广告的费用，并给她 450 美元的担保，但是这些钱被用于赔偿损失	3
174	慈善组织会社帮助该女性丧偶者寻找工作机会，然而她并不愿意工作。她的家庭情况很好，家中似乎还剩有 250 美元的保险金	3

在面向经济特别困难的 61 个家庭的特别研究中，仅有一个家庭没有收到任何援助物资。

共计 868 个家庭收到了总计 138 868 美元的援助物资。展现在这里的这个数据仅仅是为了使人们注意到这一事实：这个数据和所有类似的收集的数据，在一般意义上来说，都是没有任何价值的，这么做的意图本是为了衡量所发放的救济金是否足够。这里列入表中的一些家庭有七八个或者九个孩子，而一些家庭只有一个孩子。一些女性丧偶者家里的成年子女在挣钱帮助她们，而且这些女性丧偶者自身也往往能工作挣钱。最终，一些家庭仅需要接受三四个月的救济，而另一些家庭则持续或者断断续续地接受长达十四五年的救济。除了没有列入表中的复杂因素外，表中所展现的情况已经足够复杂，不能仅通过一个简单的比例关系来呈现。

然而，当根据资金来源进行划分时，这个救济金总值的数据，提供了一个关于这些来源的相对重要的有趣的图表。

表 11－3　在会社治疗期间 868 个接受物资救济的家庭中接受指定物资救济的比例

来　源	每种资源的百分比(%)
男方家属	1.2
男方雇主	1.2
男方工会或互济会	0.3
女方家属	1.4
家庭教会	7.4
会社个人权益	21.0

续　表

来　　源	每种资源的百分比(%)
其他私人慈善组织	13.2
会社定期救济	18.5
公共院外救济	35.0
没有指定的资源	0.8
所有资源	100.0

正如表 11－3 所示，公共财政占了救济金总额的大部分，大多数城市中救济金的来源是不成比例的。在纽约和巴尔的摩，公共院外救济根本不存在，其仅仅只被允许存在于费城的一个区域。这里显示所占比例很大的主要原因在于，在布法罗，所有接受政府救济的家庭，同时也接受着慈善组织会社的救济。因此，1910 年在布法罗统计的数据包括了全部布法罗政府给特定类型女性丧偶者们的公共院外救济。

仅次于公共院外救济的资金来源是被记录为"会社个人权益"所提供的资金。这个数字反映了财政政策的快速发展，这是慈善组织会社的一个特色。不同于之前的救济团体积累大量的救济金来救济各种各样的家庭，慈善组织会社用特殊的方法募集救济金，并将救济金用于更需要救济的家庭。

表 11－4 中提到的"定期补助"一词没有被定义，因而，采用

一个标准并相应地分类所有的表格是很有必要的。定期补助与其他大多数物资救济的区别不在于规模或者救济的定期性。它代表了一个解决方案，这个方案要求每周都有既定的救济金额，这个方案已被告知了女性丧偶者，以解除她们的忧虑，最终使她们达到自给自足的状态。这个表中的信息并不够完整，然而，为了可以应用这个差别，在某种程度上用更明确的标准将下列数据做调整是很有必要的，即所有 3 个月及以上的定期支付记为补助类，所有短于 3 个月的定期支付都不记录，即使表格已经做好或正在制作时，她们仍在领取。

表 11－4　定期补助

接受定期补助	339 名女性丧偶者
没有接受定期补助	462 名女性丧偶者
信息缺失	4 名女性丧偶者
总计	805 名女性丧偶者①

805 个家庭中的约 42%的家庭被认为已收到补助。这些补助包括其他救助或个人所给予的补助。根据家庭的规模和家庭其他来源的收入，补助金额自然差别很大。将补助金按数额分组，如表 11－5 所示。

① 排除 180 个每周或每两周都会定期收到少量的公共救济金的家庭，这 180 个家庭中的 128 个家庭收到的救助金的金额为每周 1～2 美元。

表 11-5 定期补助的金额

金　　额(美元/周)	女性丧偶者数(人)
低于 1	9
1～2(不到 2)	54
2～3(不到 3)	80
3～4(不到 4)	62
4～5(不到 5)	36
5～6(不到 6)	25
6～7(不到 7)	17
高于等于 7	17
合计	300
信息缺失	39
总计	339

从这 61 个家庭的临时救济和定时补助的特别研究中可以发现,61 个家庭中有 1 个家庭并没有收到救济物资。至少 14 个家庭收到的救助金不是定期发放的,这些家庭只接受过临时救济,尽管有时这笔钱的数额很可观。一名女性得到女装缝纫的培训机会,她只有在生病时才能领到救济金,因为她宁愿靠自己养活自己和孩子,这样的效果很不错。另一名女性每年可以领到 300 美元的年金,这笔钱是她丈夫的前雇主给的,作为她丈夫意外去世的自愿赔偿。在这两个家庭中,一些子女在申请救济前已经离开了他们的母亲,离家的孩子不能给母亲和孩子们

提供定期的生活费用，这对于他们来说可能是错误的。根据这两个家庭的女性丧偶者的性格特点提出了这样一个问题：是否不应该那么积极地去安置那些孩子们？在这两个家庭中，尽管定期救济可能是没有道理的，但让母亲依靠自己的力量生存显然不能很好地奏效。

在 61 个家庭中的 46 家得到定期补助金，尽管其中 2 个家庭从未得到固定的救助金，但是，补助金可以对家里所挣的不固定的收入进行补充，使家庭收入达到一个固定的数值。在很多家庭中，随着时间的推移，支出可能会增加、减少或者中断，这使得家庭的经济状况也会发生改变。我们已经给出了我们的理由，不用试图衡量 985 个家庭中每一家的补助金是否足够。然而，在这个更小的组别上，通过计算，我们权衡了两个其工作正在被审核的慈善组织会社在救济标准上的相对先进性。通过记录在治疗的那段时期，在这 46 个家庭中每个孩子每月的收入的充分数据，我们发现，在第一个城市的 18 个例子中，孩子们的月收入从 1899 年的 5.40 美元、1905 年的 5.33 美元提高至 1909 年和 1910 年的平均 7.83 美元，当时他们是首次接受治疗。在第二个城市的 8 个孩子的案例中，收入由 1898 年的 5.03 美元和 1906 年的 8.28 美元，提高至 1909 年和 1910 年的平均 10.45 美元。这种提高的部分原因是生活费用的增加，但是，对最近的

26 个案例的短篇报道的研究表明，尽管在照护上仍存在很多的缺陷，但相对于更好的家庭照护和监管，更高的救济金标准仍只是其中的一部分，抑或是居于次要位置。

第十二章

特别研究家庭中的某些失败

女性丧偶者研究：基于 1910 年某慈善组织会社所知的 985 人

会社为46个接受救济的家庭额外提供定期津贴和其他服务，在其中的32个家庭中似乎取得了较好的结果。但这并不意味着在这32个家庭中就没有被忽略的错误或者被发现的回扣。从依据现状采取的措施以及随生活变化而给予一定金额的津贴这两个方面来看，慈善组织会社都做得不错。用相同的方法测量发现，在46个家庭中，有14个家庭做得并不是很好。在简短的阶段性总结中，是否有可能发现是什么原因导致这些失败呢？

在试图回答这一问题的尝试中，我们发现自己面对着具有尖锐分歧的社会理论。其中一些理论用一些标准化的表格来分析14个家庭的问题，即用实际得到的救济收入和其他来源减去为了维持体面生活所需要的钱，然后把所有的失败——物质的、社会的和经济的——归因于所得结果之间的差距。还有一些理论根据14个家庭的记录，把这些家庭中母亲被指出的性格缺陷进行列表，然后把失败归因于此。我们不能接受这些理论中的任何一个，也不能确定我们自己的分析有很大的价值，因为这一分析是建立在并不很完善的总结之上的。于我们而言，似乎这14个家庭中有5个家庭所获得的救济非常不充分。其中已经有2个家庭在过度工作，其中1个家庭甚至出现了身体崩坏的状况。在另一个家庭中也显示出了这样的迹象，尽管这个母亲拒绝放弃或者更换工作。或许一开始救济可以更加慷慨丰厚的话，她就不会这么执拗了。在这两个家庭中，不能很好地照顾孩子是一个因素，但是慈善组织会社给予的照看孩子方面的帮助以及在救济金上的计划很明显是不足的，因此超过一半的过失应归咎于慈善组织会社。至于其余没有获得足够救助或与此紧密相关的家庭，慈善组织会社可能完全不能获得这些母亲们的配合。

除了这5个家庭之外，还有9个定期获得救济的家庭最终的结果也不是很好，显示出除了没有获得足够救济之外的其他原因。对于妇女性格的不了解似乎可以解释这9个家庭中5个家庭的情况。在这5个家庭里，有4个家庭被了解的时间相对较短。另一个案例证明不充分的救济计划是其主要原因；还有一个案例表明，这家妇女的精神状况本来就不利于把家庭聚在一起进行尝试，最终的结果当然也很悲惨。类似来自不可信、未披露来源的条目，有时意味着一开始对家庭救助的调查本就是不明智的举措，但也不是一直这样。在家庭记录中被隐藏的来源，不仅会导致慈善组织和个人捐出的2 430美元被浪费，而且更严重的是会导致在长期的恶劣条件下，4个孩子的身体健康情况会迅速恶化。

不充足的物资救济毫无疑问是导致身体和道德恶化的罪魁祸首，但是我们认为这一观点如果没有经过下列陈述的补充，就永远是不全面的说法：不充足的救济是不充分诊治的表征，而如果在慷慨的救济之前或与此同时没有抱着理智、小心和彻底的态度去救助家庭的话，就会同时增加身体和道德恶化情况。这是本章引用的最后一个案例中所描述的那种恶化。

女性丧偶者研究：基于 1910 年某慈善组织会社所知的 985 人

第十三章

应用于特别研究
家庭的治疗要素

女性丧偶者研究：基于 1910 年某慈善组织
会社所知的 985 人

前述已提到女性丧偶者们毫不怀疑自己能够找到工作，自力更生，并经常做出尝试，尽管如此，实际上慈善组织会社仍在对她们进行评估。家庭治疗只是间歇性地进行再调查，用于发现救济金的迅速减少是否合理，但是一个建设性的关怀或监督应该承担起制订计划、发放救济的责任，并通过整合社会上各种可用的资源来提高或者改进。在这些部分显示的第二类家庭治疗的要素是什么？它们普遍受到卫生和儿童保护这两个方面的影响。

一、健康

这些女性丧偶者大多不知道如何利用现代社会的卫生和医疗资源（即使方法明确），她们充满了旧世界的、乡下人的胆怯。坐在办公室里我们是不可能克服这个困难的，但是经常拜访这些家庭，了解孩子的具体情况而不只是卡片上的姓名和年龄，多点耐心，通常能够获得进行一个相对好的健康评估的可能。

61 个家庭中，有 21 个家庭获得医疗保健，5 个家庭得到卫生指导，另外 5 个家庭得到了特别的饮食指导，12 个家庭获得郊游或康复护理，5 个家庭搬到了条件更好、阳光更充足的居住小区。在参与改进住房运动的先行慈善组织会社中，最后一个数字少得令人失望。这些运动是必要的，但是它们不能代替个人空间和对生活状况细节性的关注，它们应该通过救济补助或其他方式体现责任。

膳食指南的记录强调，985 份记录中的家庭饮食和家庭预算只有少数被研究过。有一些母亲在支出中留出一笔固定金额的条目。通常来讲，少数受过教育可做到这点的母亲，可制作粗略的食物支出明细，由此可以了解母亲和孩子的喜好，每天购买和准备什么样的食物，基于这些提出改进性意见，以更好地开展工作。在仔细研究因兼职工作不能留在家里或不能总是留在家里的母亲外，对来自不同国家的许多女性丧偶者发展出来的效果良好的膳食食谱的研究也是必要的。[①]

---

① 一个爱尔兰女性丧偶者不仅是训练有素的营养师，也是一名志愿者，她并没有把工作全部局限于食物预算上。她提供了她的访问记录，其中列出了以下项目：

S 太太管理钱，我们安排膳食，最初还一起购物。我计划从牛奶卫生委员会得到给婴儿喝的牛奶，并每周访问母亲和婴儿，为(女性丧偶者)5 岁的孩子找到一所免费的幼儿园，为 2 岁的孩子带来了玩具；说服母亲将孩子的睡觉时间从 9 点提前到 7 点 30 分或 8 点；建议安排固定的母亲和孩子一起用餐的时间；春天时全家在公园玩一整天(带上小酒精炉用于加热婴儿的牛奶)；帮助春季清洗、擦窗、晒床上用品等；当 S 太太要搬家时，陪她找合适的房子。我们之间住得不近，这为我开展工作带来了不便。

膳食指导包括对每一分钱的合理支配。除了婴儿，所有的孩子早餐喝咖啡吃面包卷，但当母亲被教导喝咖啡和茶会有不好的影响后，她很愿意按照建议更换早餐。

烹饪课的情况如下：

2 月：西梅干、用骨头熬制成的汤、米饭、燕麦片、玉米粥、可可荚、奶油 （转下页）

二、儿童保护

在这个标题下，以下段落中共同出现的治疗要素是当母亲不在家时对年纪尚小子女的日间看护，以及对年纪稍长的子女在校

(接上页)鳕鱼、奶油汤；为什么牛奶必须加热，为什么最好买陈面包而不是买新鲜的面包。

3 月：面包蛋奶糊、除了煎鸡蛋之外的所有做法的鸡蛋、烤鳕鱼球、苹果树薯粉、牛奶吐司、陈面包的利用，等等。干青豆的做法也有教给大家，但是孩子们并不喜欢。

4 月：姜料面包和姜饼，胡萝卜，白菜，平底锅烙汉堡牛排而非普通的那种油煎，奶酪白酱通心粉。年纪小的爱尔兰人并不爱这些，他们喜欢爱尔兰的土豆胜过任何一种蔬菜。

这 3 个月的花销记账如下所示：

项　目	2　月	3　月	4　月
租金	$11.00	$11.00	$11.00
燃料	$2.30	$2.20	$1.55
光照	$0.75	$1.25	$1.00
保险	$1.40	$1.40	$1.40
肉类	$2.17	$2.10	$2.60
婴儿食品	$2.73	$3.29	$3.35
牛奶	$4.39	$6.87	$6.08
面包	$1.05	$1.11	$1.09
食品杂货	$7.57	$6.81	$5.51
衣物	$1.74	$2.00	$5.83
日常维持	$1.44	$0.97	$0.45
药品	……	……	$0.75
冰	……	……	$0.30
交通费用	……	……	$0.55
总计	$36.54	$39.00	$41.46

外时间的规定——保证定期上学并较为令人满意地完成学校的作业；对超过法定最低工作年龄等特殊情况子女就学的规定；帮助达到法定工作年龄的子女就业。“健康”的话题下包括为了关照子女们的健康而进行的饮食照顾、体育锻炼和医疗护理。

对年纪尚小的子女的日间看护是着重针对那些有未成年子女的女性丧偶者的，因此在这里我们只分析这个项目。61 个家庭中有 20 个不需要提供这项帮助，因为这些家庭的母亲一直都在家里；有 7 个家庭把孩子托付出去了；12 个家庭把年纪尚小的孩子送到了日间托儿所；6 个家庭中祖母和他们一起住并照顾孩子们；5 个家庭由其他亲戚帮忙照看孩子；3 个家庭花钱雇保姆来照看；1 个家庭由邻居照看；4 个家庭是众所周知不管孩子的；还有 3 个家庭，清单没有给出关于看护的说明。

一个在慈善组织会社长期工作的代理人多次解释道，他们之所以没有去获得这些从他们会社获得定期津贴的家庭的子女在学校的出勤率报告，是因为出勤主管专门负责这件事。几乎没有几个城市的出勤主管可以充分管理好这件事，并且慈善组织会社不能完全忽视出勤率。事实上，清单显示，他们并没有完全记录缺席情况，在更小范围的家庭中，只有 3 例不按时出席的记录。大量的总结（尽管并非像我们希望的那么多）显示了对于孩子们在校内和校外生活之细节的兴趣。

对一个每天帮助他妈妈送报 2 个小时的 9 岁男孩，应该说些什么呢？毫无疑问，他的工作对于他母亲而言是有好处的，而且也没有触犯当时的法律。但是这件事的实际情况（包括在什么样的街区送报，在什么时间送，是否和他妈妈一起送等）和其最后对这个男孩的影响本应该被知晓和记录下来。

当提及对年纪稍长的子女们的道德保障时，慈善组织会社的记录总是很含糊。街区和街区里的商业娱乐场所都坚持认为他们承担着巨大的压力。一些工作者认为每个带着孩子的女性丧偶者家庭离建构一个正常的家庭都很遥远，因为她们不能很好地适应环境并承受来自繁忙城市街区的不良影响，那些承诺给予这些家庭的定期津贴应该用于帮助她们搬到郊区或者乡下。然而，女性丧偶者们通常深深扎根在原有的生活环境中，虽然她们也想搬到更好的地段，但是却不愿意完全远离亲戚、朋友和原来的关系圈。而慈善组织会社试图对这 61 个家庭进行迁移的仅有的一次尝试也没有成功。

三、志愿者服务

志愿者服务在这一工作中的使用程度在两个慈善组织会社中差别很大。在第一个城市，29 个家庭中的 16 个由一名慈善组织会社名下的志愿者定期访问；在第二个城市，32 个家庭中的 9 个也被这样进行访问。①

这些段落中记录的志愿者提供的服务如下：为儿童提供特别医疗服务；将孩子送到康复之家并教他们写家庭作业；送了一把小提琴给一位有音乐天赋的男孩；为一名女孩提供女装缝纫课程；观察所有孩子的教育情况；对两名男孩进行专门监督；为年龄最大的女孩找工作；记录妇女的日常支出账目，说服她拒绝寄宿，教她做饭，教她缝纫，提供喂养建议，帮助把家搬到阳光更充足的地方；为母亲寻找工作；为母亲寻求更容易的工作；尝试通过乡村旅行保护母亲免受过度劳累；以及协助应对紧急情况。

在搁下家庭照顾这个话题之前，我们必须要注意一个严重的缺陷，即在这些总结中一再出现的分工负责。无论是救济还是治疗的其他阶段，分工负责都是不成功的。慈善组织会社努力地在社区的许多社会机构之间寻求更好的合作，特别是那些与家庭、儿童、病人有关的工作。或多或少地参与到女性丧偶者家庭组治疗的机构，为了实现合作关系，经常不得不接受现有的

① 在许多慈善组织会社中，这种志愿服务形式尚未发展起来。一个慈善组织会社的明细显示，87%的女性丧偶者有志愿者访客；但在另一个极端的情况中，一个慈善组织会社的明细显示只有 8%的家庭被访问了。

家庭工作的规则和标准，并希望在日常工作的过程中，通过遵守这些规则的机构逐渐找到一个更好的合作方法。但是，即使是暂时接受任何种类的家庭治疗手段，往往是不可避免的，也常常有在无意识中形成一些固定习惯的危险。例如，一个机构长期只通过在冬季给予固定的、少量的补助与女性丧偶者家庭建立关系，如果想要把这笔款项与其他款项组合起来使救济补助计划行之有效，那并不太容易。但是，如果机构能够制订有效的步骤规范，就可以通过针对个体家庭实现更多的组合方案，用计划救济品代替，减少社区救济金的支出。这个政策不代表放弃，而是为了防止全年都需要救济的家庭只有冬天才得到救济现象的出现。救济可以有很多来源，但某一个机构应该对治疗和救济承担全部责任，而且由于家庭治疗的责任不明确，出现了多个机构对同一个家庭重复访问的趋势，这显然是记录中一些令人不太满意的结果产生的原因。

所有的慈善组织会社、公共和私人机构之间应当有充分的服务和信息交流。这种交流有助于确定责任，并能在缺乏针对性的定量补给计划中确保各自的独立性。

女性丧偶者研究：基于 1910 年某慈善组织
会社所知的 985 人

第十四章

未来在治疗方面可能采取的措施

此处并不打算尝试去总结前文中提出的建议，人们认为其中有五条建议尤其突出，可能成为慈善组织会社接下来为提高现有的待遇标准而采取的措施。

第一，迄今为止，体格健壮的女性丧偶者被鼓励去工作挣钱（很明显，从近来的女性丧偶者津贴计划来看，不管是否被鼓励，她们也将继续这样做）。我们认为慈善组织会社应该努力通过专门的地方研究来发掘更多的兼职工作机会，并且应该劝阻全职工作。

第二，另一个要深入调查的对象是家庭预算。这一研究将以标准饮食和标准预算为出发点，并最终回归到这上面来。但这个研究实际上是为一定数量的家庭进行的，它将包括根据种族、街区、个人的不同而提供的完整津贴，还会将作为主要养家者的丈夫去世之前的家庭生活标准也考虑在内，以便可以得出那些在丈夫去世后没有失去健康或体面生活而可以被忽略不计的因素。很多女性丧偶者不会记录她们的花销，因此只有在耐心观察之后才能发现家庭的实际饮食习惯。研究和记录每个获得定期津贴家庭的实际食物花销的决心，将会避免很多在监督救济花销和健康方面的失败。如果这一研究提交的清单是有代表性的，那么就不需要对每一家庭的清单一一研究。

第三，目前没能对年龄稍长的子女们，尤其是对那些将要去工作和那些已经开始立足于工业阶梯底层的子女们进行个别考虑。对年龄尚小的子女们的日间看护和对正在上学子女们的学校记录，通常不会被忽视，但是，14～18 岁群体中会出现的特别问题同样重要。根据这些记录，他们的工作选择、他们为此进行的训练、他们的伙伴关系，以及他们的娱乐活动通常都没有得到保护。

第四，我们认为，对于所有的慈善组织会社来说，每 6 个月对获得定期津贴家庭的健康情况进行仔细检查，是一个明智的举措。让有资质的机构或部门开具规范化的健康报告可以预防很多身体健康恶化的情况。

第五，每个慈善组织会社都忙于这些日常性的任务，但是其中一些任务可以不用做，而其他的一些任务值得做得更好。例如，如果对每个女性丧偶者家庭每年至少认真总结一次，就可以发现慈善组织会社项目的薄弱点。对错误毫不留情地进行记录，用白纸黑字明明白白地将之写下来，是达到更高标准工作的第一步。接下来对段落的总结及检查为这一研究准备的清单，如果不仅能引起慈善组织会社对有子女的女性丧偶者的兴趣，还能引起其他机构对这一群体的关注，那么采取这样的方式进行回顾，本书的主要目的就能达到了。

附录一

133

61 个家庭专门研究的段落概要

女性丧偶者研究：基于 1910 年某慈善组织会社所知的 985 人

注意，将段落概要放在这里的目的已经在前文说明过了。在两个城市中所选取的家庭是：在女性丧偶者向慈善组织会社申请援助时，家庭中有 2 名以上小于 5 岁的儿童或没有一个孩子超过 14 岁，选取时，这些家庭已经在治疗日程表中。这些家庭被视为可能是最困难和需求最大，或是需要治疗最长时间的对象。这些陈述是从日程表中转录出来的，内容非常精练，用的就是他们自己的语言。由于日程表是在 1910 年左右填写的，大多数段落结尾使用现在时。它代表了 1910 年家庭的最终情况，而不是出版时的情况。其中母亲和子女的年龄用的是母亲第一次向慈善组织会社申请时填写的年龄。那些从丈夫去世开始就由慈善组织会社接管的家庭，丈夫死亡的日期就被自动视为女性丧偶者提交申请的日子。对于没有定期津贴的家庭，在本段末尾列出了慈善组织会社已知的物资救济总额。每个段落前面的数字是提交参考表单的家庭编号。

第一个城市

编号 2——爱尔兰人，1896 年时 36 岁；5 个子女，分别是 9 岁、8 岁、5 岁、3 岁、1 岁。A 先生是一名托管人，每周赚取 14 美元，1896 年死于窒息，没有留下任何财产。3 个月后他的妻子设法得到了一些收入和一些亲戚的帮助，然后她向市政府提出申请并每周获得价值 2 美元的杂货和 0.25 吨煤。她向慈善组织会社提出申请稍稍有些晚。会社通过每周发放 2 美元的定期津贴（后来增加到 3 美元）来替代城市应急援助。同时教会每周给予 1 美元作为援助。A 太太的兄弟和表弟寄宿在她家。她靠在家里做缝制，每周收入总额高达 6～7 美元，还不包括救济。当子女们长大去上学后，她全天出门打工。她自己的健康状态很好，但她的孩子们却是带病的。有一个孩子肾脏有问题，另一个患有结核病，最小的一个有一段时间有些神经质，虽然现在好些了。患结核病的孩子被送到乡下住了几个月，之后回爱尔兰度假，并完全康复。这个家庭在各方面都是令人满意的。志愿者从一开始就访问了他们，并一直帮助这个家庭确保所需的医疗服务，协助他们应对紧急情况。患有肾脏疾病的男孩有音乐天赋，志愿者为他提供了一把小提琴，他的母亲通过在教会进行清扫工作，赚取了足够的经费以支持他上音乐课。这位小孩被确诊为不治之症，于 1909 年去世。其他所有的孩子都茁壮成长起来，都在 14 岁之前在学校上到了九年级。年龄最大的女孩在夜校继续她的学业，之后她每周可以挣 12 美元。一位男孩是卡车驾驶员，每周挣 10 美元。最年轻的孩子（目前 15 岁）仍然在校，但通过课余时间在商店做兼职，每周能挣 2 美元。这个家庭的定期津贴最先减少，然后在 1908 年完全停发，虽然面对突发情况还是需要偶尔的补助。

编号 9——爱尔兰人，1906 年时 35 岁；6 个子女，分别是 9 岁、8 岁、6 岁、4 岁、3 岁、2 岁。B 先生是一名劳工，每周赚取 14 美元，1906 年因伤寒去世。在他生病期间，他已经从工会获得了 50 美元的伤病福利，在他去世后，家庭从爱尔兰同乡那里获得了 75 美元来操办他的葬礼。两个月后，B 太太向该市政府和慈善组织会社提出申请。在此期间亲戚们帮了忙。B 太太虽然心地善良，但她并不强壮，也不是很有能力。她的家里不整洁，也总是管不好孩子。她的亲戚曾一时兴起，表示愿意抚养她的一些孩子，但是作为女性丧偶者的她并不想放弃抚养孩子。她想回到爱尔兰，但会社发现她在那儿的朋友们并没有能力支持她。政府每周给予她 2 美元的杂货和冬天使用的煤炭，她所在的教会每周给予她 1 美元，同时会社为孩子们提供牛奶和鞋子。起初她出去做一整天的工作，她的收入相当不稳定。孩子们被安排在托儿所里。后来，她选了一座小房子，并将其中一两间作为客房以每周 1.25 美元的价格提供给寄宿客，并且帮助别人清扫办公室，每周可获得 6 美元。她的收入得到了提高，经济情况开始进入良好状态，定期津贴仍在继续，但是她的健康情况开始恶化。后来她被确诊患了结核病，她的孩子们都被安排住在一个机构内。

编号15——爱尔兰人，1891年时26岁；3个子女，分别是5岁、3岁、2岁。C先生，马具制造者，因肺结核死于1890年，之前有两年病史。在他临终前一个月，会社已为他提供救济。C太太获得了150美元的保险金，其中83美元用于丧葬。除此之外，她的父亲也留给她300美元，在她向组织会社申请求助时她靠这些钱生活了近一年半。C太太耳聋严重，结婚之前曾是一位裁缝，为帮她找到更好的工作，组织会社安排她进行了安全培训。她“选择自力更生”，因此她只在生病或失业时寻求救济。她对生活品质要求很高，一直坚持要住在好的社区。家里最年幼的孩子，病恹恹的，高中毕业，20岁出来工作；家里老二是个男孩，找工作很困难。

尽管如此，目前家里所有人都有工作了：老大（女孩）在面包房每周挣6美元；老二（男孩）是煤气装修工，每天挣1.50美元；老三（女孩）是打字员，每周挣6美元；妈妈每周通常挣5美元。10年里组织会社不断关怀他们，派了一名上门服务的志愿者与他们一直保持联系，负责保障妈妈的工作安全，为孩子们提供医疗护理和就业咨询等。现在全家人的身体状况比1891年要好。据记载,救济物资有100美元。

编号17——爱尔兰人,1908年时40岁;4个子女,分别是8岁、5岁、3岁、1岁。D先生是一个体力劳动者,性情暴躁,多年来只打过一些零工。8年来,这家人一直受到来自组织会社、私人慈善机构以及教会的帮助。在1900年和1905年,这家人两次对外寻求过帮助,当时D先生因为不抚养妻儿而被妻子控告入狱。1908年D先生过世,D太太从224美元的保险金中取出91.5美元用于丧葬。次日她向组织会社寻求帮助,但因为有保险她没有获得救济。3个月后D太太被肺病专科医院查出患有肺结核,于是他们家受到了组织会社的关注。在她住院接受看护治疗期间,她的孩子们因为疏于照顾而变得难以管教。于是组织会社为孩子们提供一日三餐;安排他们去乡下生活;安排他们做扁桃体切除手术;给他们配眼镜;等等。教会支付了他们的房租(每周1.5美元),有时还给他们提供衣物,邻里们则给他们提供食物。D太太白天工作,每周赚取5～7美元,她不在家时邻里们或者托儿所帮忙照看她的孩子。由于担心她操劳过度,组织会社给予援助,希望她少操劳,但被她拒绝了。一个经常去探望并获得她信任的志愿者,最终说服她接受了一份工作两周休息5

天的工作，该工作会一直为她保留。她的一个孩子有患肺结核的症状，不过还未确诊。除此之外，整个家庭生活状况看起来良好。

编号28——意大利人，1906年时29岁；6个子女，分别是8岁、6岁、4岁、一对1岁的双胞胎，还有一个孩子在申请之后出生(私生子)。 E先生是个裁缝，当他失业时，他的太太通过做涂漆工维持生计。E先生因肺炎死于1906年3月，他的太太获得了100美元的死亡抚恤金，其中82美元花在了他的葬礼上。此后一个月，E太太一直靠剩下的存款生活，之后，她被圣云先会(St. Vincent de Paul Society)的意大利分会转介到了慈善组织会社。她的妈妈和兄弟姐妹都和她住在一起。因为E太太的身体很好，圣云先会建议她去找份工作，但是她似乎不愿意这样做，而是希望圣云先会能给她提供全面的支持。因为她之前在意大利做过女装裁缝，所以圣云先会为她提供了特别培训，以便她能够在那里做裁缝，但是事实证明这个计划行不通，因为E太太不会用英语交流。慈善组织会社所在城市援助她两个月后，因为E太太仍然没有去工作，便拒绝继续援助她。她的孩子被安排送托儿所之后，她在一家裁缝店获得了每周工资为5美元的工作。最早关于她人品的报告还是不错的，但这是在

1906年年末她的一个小孩出生之前的事了。E太太并不否认这个孩子是私生子。一个17岁的男孩被指控是这个孩子的爸爸,他声称E太太曾经和其他男人在一起,但是那个男人拒绝和她结婚。预防虐待儿童协会调查了这件事,但是并没有带走她的孩子们。在1907年,那对双胞胎中的一个去世了,E太太在出去工作时把这个婴儿留在了家里,并且拒绝了所有关于如何照顾孩子的建议。她一直要求各类(类似圣云先会的)会社来照顾这个婴儿还有她的其他孩子,但有意思的是,这些组织都认为E太太不能推脱对孩子们的责任。E太太的亲戚们有时会照顾她的孩子,而且一个日间托儿所也一直照顾着他们,直到那个私生子出生后,托儿所才因为E太太的人品而拒绝再为她的孩子提供任何照顾。可是后来,托儿所又同意接收这些孩子们了,还给他们提供一日三餐,但是E太太似乎不愿意接受这样的安排。一个意大利的来访者试着劝她,但结果也只是徒劳。E太太一家再次被转回了预防虐待儿童协会。在会社采取行动之前,E太太首先将那个婴儿送到了另一个城市,交给朋友们抚养。然后她回来继续工作,她不在家时就由她母亲来照看其他孩子们。亲戚们帮了很大的忙。年龄最大的孩子已经不受她管教了,还因为入室盗窃被控告,现在由国家来负责管教。还有3个孩子和E太太的父母住在一起。这一物资援助记录是10美元。

编号29——意大利人，在1899年时30岁；5个子女，分别是10岁、7岁、6岁、4岁、3岁。F先生是一名裁缝，在1897年去世。他与第一个妻子所生的三个较为年长的孩子，永远由他的亲戚抚养——F先生的父亲和两个堂兄弟与他当时的妻子。就这样，F太太设法自己支撑了2年，直到F先生的两个堂兄弟离开。之后她向该市提出援助申请，该市按照慈善组织会社的计划，把她安排到一个亲戚家的裁缝店工作，还有就是让她在一个个体户的杂货店中帮忙以支付其子女上托儿所的费用。然而，F太太身体并不强壮，她视力不好而且头疼十分严重。在她配了眼镜后，几次被派到一个处于恢复期的病人的家里工作，并且每次都工作很长时间。她非常努力地想要养活自己，但是却经常失业，会社对此也无能为力，因为F太太不会说英语。最初，她每周挣的钱还不到2.5美元，但之后她就可以每周赚5美元甚至7美元了。随着她的亲戚们停止帮助，会社的援助增加了，随着她的收入而变动，平均在每周2美元左右，偶尔还在租金方面给予援助。不过现在援助金被削减了，F太太几乎处于只能靠自己赚钱的状态。她的第四个孩子有脊柱双曲症，目前住在康复者之家。在那里，这个孩子的健康状况得到了改善，并且正在读高中。目前 F 太太身体较好，他们一家正在与一些积极乐观的人保持着联系，并且经常有志愿者造访。

编号 41——加拿大新斯科舍人，在 1908 年时 38 岁；5 个子女，分别是 8 岁、6 岁、4 岁、2 岁、未满 1 岁。G 先生的职业为守夜人，每周赚取 12 美元，1907 年在工作时死于谋杀，其家属为此获得 280 美元的保险金，同时从其同事处获得 94 美元，从一家员工保险公司获得 100 美元。这些钱当中，有 113 美元被用于操办葬礼。一个月以后，该家庭被城中的另一个私人机构介绍加入了慈善组织会社。去掉葬礼开支和其他开销还剩下 194 美元，另一项主要支出是房租，一名社区委员会的人员作为受托人帮助 G 太太完成支付事宜。教会每周付给 G 太太 1.50 美元，用于购买食品和杂货。G 太太是一位好母亲，十分顾家且有能力打理好家庭事务。会社为她提供了一份给鞋带打包贴标签的工作，她每天在家工作 5 小时，一周下来可以挣到 4 美元。有一次她染上肺炎住院，孩子们被暂时安置在家中，她出院回家后，一位热心肠又有责任心的访客坚持要让她搬到阳光充足、舒适的房间，并教会她如何健康地烹饪。她现在看起来健康了许多。虽然最小的孩子不幸夭折，但其他孩子都很健康且表现良好。在用于支付房租的储蓄耗尽以后，一家私人机构为其支付房租，她的一个亲戚以及另一位好心人也给予了她很大的帮助，对她的救济和照料一直持续了3～4年的时间。

编号42——加拿大新斯科舍人，1904年时37岁；5个子女，分别是8岁、6岁、5岁、3岁、2岁。H先生于1904年死于布赖特氏病。240美元的保险金当中，140美元用于操办葬礼，剩下的部分再加上H太太通过给别人当清洁工挣到的钱，支撑了这个家庭5个月的开销。H太太接下来在这个城市找了一份工作，并被介绍申请加入了慈善组织会社。一开始她的常规工资为每周9美元，这在很大程度上支撑起了这个家庭。她和母亲、哥哥一起生活，她不在的时候，母亲帮她照看小孩，她的哥哥每周付她4美元。这个时候，会社觉得H太太的收入还是充足的。但是过了一段时间，她每周只能挣到4美元。再后来H太太的哥哥得了肺结核，每周给她的钱减少到了2美元，且最终因身体不堪重负住进了医院。社团因此每周救助她2美元用于购买食品和杂货，教堂也不定期给予她帮助，一个私人社团同时为她提供衣服。H太太不再像从前那样健康。她的孩子们定期去上学并且表现不错，但她的第二个孩子因为染上了肺结核，在之后接受了治疗以及特殊膳食。

编号 45——意大利人，1910 年时 32 岁；4 个子女，分别是 8 岁、7 岁、3 岁，还有一个孩子在申请后出生。 I 先生是一名裁缝助手，每周赚取 9～12 美元，他的工作往往是不稳定的。这个家庭住处有两个房间，他们每月支付 5 美元的租金。I 先生因阑尾炎死于 1910 年，没有任何保险金，但是 I 太太有一些经济结余使得她得以度过几周。她的朋友筹款为葬礼支付了 89 美元。在丈夫去世 3 个星期后，她向慈善组织会社提出申请，她因为临近分娩而无法工作。会社同意在冬季给予她城市补助金每周 3 美元和煤炭，以及私人代理补助每周 2 美元。这个定期津贴一直持续到宝宝长大，以及 I 太太能够自己工作。3 个稍大的孩子个子矮小，发育迟缓，但是新生儿看上去很健康。一位友好的意大利人拜访者与这家人保持着紧密联系，目前正在教 I 太太做缝纫。

编号 46——爱尔兰人，在 1905 年时 30 岁；2 个子女，分别是 3 岁和未满 1 岁。 J 先生是一名铸造工人，每周赚取 11 美元，1905 年死于肺炎。该家庭收到了 250 美元保险金以及 J 先生的朋友募捐的 90 美元，其中大部分用于葬礼和债务支出。一个月后，J 太太向市政府提出申请，然后被转介给慈善机构。她不是很健康，但她的医生说她能够工作。她被劝说由她的姐姐领养较大的孩子，她姐姐愿意领养并且提供地方照顾婴儿，但是她拒绝了。然后她被安排与另一个女人一起生活，以便在她出门上班时有人帮她照顾孩子，但她不喜欢这个女人。慈善机构同意放宽 3 个月，看她能否找到工作。市政府每周给她 2 美元用于购买食物，教会也给予了帮助，一个民间社团还给她提供牛奶，但后来终止了。当她患贫血病的时候，整个家庭被多次送到农村。她找到一份在商店的工作，每周有 5 美元报酬，尽管这不是很稳定。她本应该把孩子放在托儿所，但是没有经常这样做。托儿所的护士认为她目前身体状况良好，而且工作稳定。

编号 47——意大利人，在 1908 年时 35 岁；4 个子女，分别是 10 岁、5 岁、3 岁、未满 1 岁。 K 先生是一名油漆匠，每周赚取 12 美元，虽然经常由于健康状况和淡季而歇业。1908 年，他在生病 6 个月后，死于结核性腹膜炎，没有给家庭留下任何财产，由州政府安葬。在他去世 5 个月后，该家庭向慈善机构提出申请。慈善机构为他们提供资金支付房租，每周定期提供 4 美元的补助，一家救济机构为他们提供了衣服。K 太太不强壮。医生诊断她患有神经衰弱症，但是对她没有太大影响。她去裁缝店工作，她母亲和她住在一起，在她不在的时候帮助照顾孩子们。她现在每周收入 2.5～9 美元，随季节变化而波动。由于很难了解她的真实收入情况，所以她被安排每周向救济机构的办公室提交一份声明，然后机构再给予相应的援助。考虑到她的母亲已经是援助求助者，会社必须谨慎地给予援助。K 太太的健康状况好转，现在全身心投入工作中，并且孩子们也得到很好的照顾。

编号 52——爱尔兰人，在 1910 年时 34 岁；2 个子女，分别是 3 岁和未满 1 岁。 L 先生是加拿大新斯科舍人。他的工作非常不稳定，部分因为他经常酗酒，还有就是他有心脏病。也是因为心脏病，他在 1910 年去世了。他的死亡保险金有 100 美元，但大部分都用于偿债了，葬礼的费用则是由一个私人中介机构支付的。不久之后，他们全家获得了一份 75 美元的捐款，并靠着这些钱度过了 4 个月生活。L 太太在和她丈夫的生活中，因为贫困，经常贫血并且整天惶恐度日，她的孩子们身体也很虚弱。于是在丈夫去世 1 个月后，她向慈善组织会社提出申请。会社给她提供了去乡下休养的机会，但她需要将子女交给亲戚。L 太太并不愿意这样做，因为她的那个不到 1 岁的孩子身体瘦小，她不敢离开她。她也因为自己身体虚弱不能出去工作，只能待在家里而感到焦虑。她曾试着出租一个屋子，但没能找到合适的房客。L 太太一家搬到了周围环境更好的地方，并且有医疗服务提供给他们。她的亲戚每周固定给他们7美元的生活津贴，政府和两个私人中介机构则照顾她的孩子们，教堂也不定期地提供援助。这些生活津贴保证了L太太和那个小孩子额外的营养品，使得她们的身体状况有了很大好转。在牛奶委员会仓库工作的一名医生说，这个孩子身体状况的明显改善是因为L太太按照他的指导进行了照顾。L太太身体刚好转，她就回去做了早年她曾经做过的餐馆厨师的工作，她的两个子女则被送到了托儿所。之后定期的生活补贴很可能将会被削减。

编号53——爱尔兰人，在1909年时36岁；4个子女，分别是8岁、6岁、4岁、2岁。M先生以安装绝缘管为业，每周工资为18美元，在患中风2年后，于1909年去世。这一家子在很长一段时间里都要靠慈善组织会社的关照生活，自从M先生生病之后，他们的存款很快就用完了。亲戚们、教堂和该市政府都曾帮过他们，还曾做出努力将M先生送到救济院的医院，后来还把他送到精神病收容院。然而这个计划失败了，因为M先生本人反对，他的家人对此也不是很关心。M先生去世时，M太太和她的子女的情况都开始变差了。但他们仍获得了来自慈善组织会社的临时援助，包括做移除淋巴和扁桃体的手术以及矫正斜视的手术。而对于那个患了结核病的婴儿，则在护士的监督下提供额外的营养品，直到她痊愈为止。教堂和政府每周都会固定为他们提供3美元，还有一个私人机构也会提供一些帮助，亲戚们也偶尔来帮忙。M太太的两个叔伯之前和她一起住过一段时间，那时他们每周会给她8.5美元，但是在1909年12月时，他们离开了。之后她开始送报，并且有一个9岁的男孩帮忙，每周大概能赚3美元。因为送报，她每天只需要离开家在外面待2个小时，所以慈善组织会社认为这是一份不错的职业。M太太一家之前虽然都有得结核病的倾向，但健康在此期间得到了一定改善。当那个得了结核病的婴儿到了可以上幼儿园的年龄时，怎样才能让M太太找到有更多报酬保障的工作以及这种情况的改变对她身体有何影响，就需要慈善组织会社予以考虑。在之后的一些年里，会社将会继续给M太太一家固定的生活津贴。

编号55——有色人种，在1901年时33岁；5个子女，分别是10岁、8岁、6岁、4岁、2岁。N先生的职业为屠夫，死于1901年，死时没有给家里留下任何钱物。他死前3年，就与慈善组织会社有接触，不时得到会社的帮助。当他偶尔不工作的时候，N太太就会支撑起这个家，提出救济申请，并得到了煤和一些食品及杂货。慈善组织会社承诺在必要的时候会给予城市补助金。家中最大的孩子是个跛子，死于1902年。1903年，慈善组织会社每月给予 N 太太城市补助金 6 美元,因为她每周只能挣到 3.5 美元。这种情况一直持续到了 1905 年,她终于可以每周挣 6.5 美元了。在这段时间里,她举家搬进了一间更好的公寓,并得到了更好的医疗照顾。当 N 太太不在的时候,她的邻居会帮忙照顾孩子。一位志愿者教会她的大女儿如何做家务,并声称她的孩子们会定期去学校。N 太太的工作时间和工作内容是不固定的,有时候是白天工作,有时候是打扫大楼。有一次家里来了位男房客,于是便有风言风语说她行为不检点,虽然没有足够的证据,但会社因此拒绝继续给予她救济。房客和教堂的访客坚信这些传言是不真实的,但也正是在这些人的建议下,N 太太不再接待房客。之后,她每周可以挣 6 美元,除了一些衣物,她得不到其他任何的救济。但她依然过得很体面并且非常勤奋,努力支撑家庭,极力为孩子们提供良好的教育。她的第二个孩子——一个女孩,以优异的成绩从文法学校毕业,在班里被称为小诗人,即将上高中。在过去的 4 年里,N 太太基本上都是自食其力的。

编号 59——爱尔兰裔美国人,1904 年时 39 岁;6 个子女,分别是 10 岁、9 岁、8 岁、6 岁、4 岁、2 岁。 O 先生是一位每周挣 12 美元的工人,1904 年死于伤寒,并没有留下任何财物。3 周以后,O 太太向社团申请救济,每周可以得到 2 美元用于购买食品和杂货。在她向慈善组织会社提出申请的数周之后,“她一开始并不愿意接受会社给予的救济,只靠她的朋友和妹妹的帮助,这种情况持续了一年左右”。她白天工作,一周挣 5～6 美元。但是她后来发现如果不接受援助的话,无法养活家庭。她通过私人关系每周可以额外筹到 2.5 美元。她的孩子定期去学校,据她孩子所在学校的老师说,孩子在母亲的管教下表现良好,远远好于在父亲影响下的表现。O 太太因为过度工作,健康受到影响,孩子在学校接受教育,15 岁时从文法学校毕业。其中,最大的孩子后来去了商科学校,现在在女式衣帽店工作,每周挣 6 美元,稍微年幼点的那个孩子刚刚毕业,夏天的时候在家做家务。如今,虽然补助金已经停发,但是关心他们的志愿者还是经常来看望他们。

编号 60——爱尔兰人,1910 年时 42 岁;6 个子女,分别是 11 岁、10 岁、8 岁、6 岁、4 岁、1 岁。P 先生曾做过卡车司机和守夜人,收入为每周 8～11 美元。P 先生是一个聪明、诚实的工人,但由于心脏问题,不能从事重体力劳动。其妻子通过值班工作贴补家用。在去世的前两年,P 先生及其家人已经结识慈善组织会社。之前的社工为其支付房租,并每周为 P 太太提供 8

美元的补贴，起初直接交付，后来改由通过慈善组织会社转交。此外，市政府及教堂也为P先生家提供额外的救济。P先生于1909年去世，留下500美元的保险金，其中175美元用于葬礼费用及一些账单。由于剩余金额较多，对P先生家的救济暂时中止。当只剩50美元时，慈善组织会社请求前任社工继续为其家庭提供经济援助。社工曾在过去的一段时间里表示拒绝，但现在同意继续为其支付房租。同时，市里每周提供2美元救助金，一些爱心人士及教堂也不定期提供救济金。P太太因静脉曲张的原因，不能从事长时间或重体力劳动。她现在通过做保姆工作及少量的洗涤工作，每月挣2美元。其中一个孩子已过了上学年龄，现在做着护理工作，每周暂时挣1美元；另一个孩子在亲戚家中过暑假。一名志愿访问者对P太太家很感兴趣。该家庭现在的健康及家庭状况令人满意。

编号61——爱尔兰人，1904年时31岁；3个子女，分别是4岁、3岁、未满1岁。Q先生从事货运工作，每周赚取2美元。他患有结核病，确诊5个月后去世。在其患病期间，慈善组织会社为其提供治疗，同时得到技师以及私人机构的帮助。他的妻子常有暂时性的精神失常发作，在其去世前，曾入院接受治疗。在此期间，Q先生的姐妹收留了他的孩子。在他去世8个月后，

Q太太出院。住院期间,她产下一个婴儿,但婴儿出生后不久即死亡。她向市政府申请救济,申请被转至慈善组织会社。由于Q太太间歇性酗酒及精神状况不稳定(其母亲亦有精神失常病史),被认为不宜重新组建家庭。Q太太从事服务类工作,因此,其子女仍由亲戚照看。她有时支付子女们的生活费,后来该费用由政府提供。1908年,Q太太健康状况有所改善,遂将子女接回家中照管。Q太太白天值班,每周赚6美元。孩子们被送至托儿所看护。一个远亲寄宿在Q太太家中,每周支付1美元。另外,教堂每月补助她1.5美元,因此没有再提供其他救济。远亲搬走后,其收入减至4.5美元,因而市政府继续对其提供救助。教堂继续补助Q太太家每月1.5美元,慈善组织会社也偶尔提供帮助。一名志愿者拜访并持续关注Q太太的健康状况。她表示外出值班时,感觉健康状况已明显改善,因为工作分散了她对自身精神问题的关注。她患有伤寒热,曾因精神失常入院治疗三周。子女们身体健康,现在已经上学。慈善组织会社不定期为Q太太家提供救济,并认为这样的帮助需要持续至少两年。

编号63——美籍爱尔兰人,1910年时35岁;5个子女,分别是12岁、8岁、7岁、4岁、1岁。R先生曾是一位酒吧服务员,一周挣9美元。慈善组织会社在1908年开始关注R先生一家,此时R太太已经患有肺结核病。慈善组织会社安排她去疗养院，R先生承担伙食费。R太太从疗养院回来后，R先生也患了肺结核，发病6个月后于1910年离世。他的孩子接受了检查，结果并未染病。R先生的叔叔是一位牧师，和教会一样对R先生一家慷慨解囊。保险金一共453美元，其中150美元用于丧葬，剩余部分存入银行。R太太向慈善组织会社瞒报了保险金金额和R先生的叔叔每周资助她5美元的情况。她既紧张又不安，且患有典型性肺结核，同时她的两个孩子患有早期肺结核。因此慈善组织会社计划将她家搬到乡下，那里同样能得到足够的照料。但这个计划5个月以来都未能落实，一部分原因是很难找到中意的宿舍，还有就是R太太犹豫不决。这段时间他们家获得了每周6美元的救助，经费来自一家私人机构和教会。最终宿舍落实了，由私人机构出资，并协助R太太搬到那里入住。入住的第二天，她自费搬回来了。她看起来情况不稳定，被送往医院做精神检查。虽然没有查出精神疾病，但仍然存在肺结核症状，她被建议住在疗养院接受照料。家中最年长的孩子去了亲戚家，最年幼的孩子去了儿童机构指派的一户人家，由他们提供孩子伙食，其余3个孩子去了一家公共机构。慈善组织会社之后获悉了R太太银行存款的数额，并坚持要她为自己最年幼的孩子承担伙食费；尽管会社对她做了很多思想工作，但她还是拒绝去疗养院，并把所有孩子都领回家。一个月后她自杀了。之后了解到她死亡当天银行存款有 300 美元，每周从 R 先生的叔叔那里获得 5 美元，除此之外还有上面提到的每周 6 美元的收入。最年长的孩子由亲戚领养，其余孩子被安置在由教区牧师指派的人家中。

编号 66——爱尔兰人，1910 年时 30 岁；4 个子女，分别是 8 岁、6 岁、4 岁、1 岁。 S 先生从事铁匠助手的工作，每周能赚 18 美元，但因其性情放纵所以工作并不稳定。1910 年他因肺炎病逝，他有 110 美元的保险金，用于支付丧葬、拖欠的房租以及日常开销。亲戚曾给他们提供过一些帮助，但在月底时房东向慈善组织会社报告了这家人的情况。S 太太情绪紧张且敏感，情况不容乐观。她被送往医院做了一个手术，并随后住进了一个疗养院。3 个孩子住到她亲戚家，1 岁的婴儿留在家中，由她母亲照料，母亲住在她家中。一家私人机构支付了这家人每月 10 美元的房租并提供生活必需品。S 太太回来以后，这家人搬到了一间更好的宿舍。两个较为年长的孩子在夏天被送去 S 太太的亲戚家。亲戚合力想出了一个计划，让他们搬去郊区与一个兄弟同住。S 太太一开始欣然接受，但最终她拒绝了，因为她说她担心不能与之融洽相处。与此同时，因为 S 太太还不能正常工作，教会和私人机构为这家人慷慨解囊。她的一个侄女失业时有时会和她住在一起。后来 S 太太身体渐渐好转并开始工作，但她很难保住饭碗，于是变得十分气馁。接着，她突然丢下自己的孩子，跟一个她中意的男人去了爱尔兰。亲戚们尽心尽力撑着这个家，但当她回来时，他们与慈善组织会社共同安排这家人分家。S 太太不久后便嫁给了那个男人。

编号 69——美国人，在 1909 年时 21 岁；3 个子女，分别是 3 岁、2 岁，还有一个刚出生 2 个月的婴儿。T 先生作为过户代理人，每周工资 15 美元，在 1909 年因患肺结核去世，此时距离他的妻子分娩还有不到两个月。在去世前一个月，他的身体才彻底垮掉，但他还是不定期地进行工作。在最后一个月，慈善组织会社曾给他们提供一些援助，T 先生的亲戚们也帮他们付了几个季度的房租并提供了其他帮助。在 T 先生去世后，来自各方的这些帮助还在继续。当 T 太太从分娩中恢复过来后，她继续做职员工作，每周工资 5～6 美元。亲戚们仍然帮她付房租，教会每周也会在食杂用品方面补贴她 2 美元。在她分娩期间，有医疗援助提供给她，并且一个私人慈善组织也在必要的时候给她提供了一些救济。T 太太的婆婆也和她住在一起，并且当她工作时会帮忙照顾稍大一些的子女。最小的婴儿则由外公外婆照顾。T太太因工作紧张,身体状况开始变差。慈善组织会社打算帮她找一份更轻松的工作,使得她能够有更多的时间和家人在一起。有一个志愿者关照她的健康,并且经常去看她。

编号77——爱尔兰人,在1909年时33岁;8个子女,分别是11岁、10岁、8岁、7岁、5岁、3岁、2岁、未满1岁。U先生是一个工人,每周赚10美元,但是经常失业和酗酒。在他去世前的7年间,慈善组织会社一直为他家提供帮助,市里也偶尔会提供帮助。U太太并不是一个爱整洁的人,因此子女们并没有得到很好的照顾。有一次这一家被转介到了预防虐待儿童组织会社,会社认为孩子们的生活状况非常糟糕,但是还没有糟到要带走孩子们的地步。U先生于1909年因肺炎去世,留下了177美元的死亡保险金,他的家人用这笔钱为他办了葬礼。2周后,一个医生把这一家推荐到了慈善组织会社。因为T太太身体虚弱,所以每周教会和市政府会为她提供3.5美元的生活津贴,另外在她生病时也会有个别人为她提供私人补助。通过打扫工作,T太太每周可赚取4美元。她的妹妹住在隔壁,并且当她不在时,通常会帮忙照顾孩子们。有一个志愿者定期去拜访她家,还会定期去学校看她的子女们。U太太的身体现在转好,而且自从她的丈夫去世后,她的习惯和对子女的照顾都有所改善。

虽然她的身体已经足够强壮，可以去做许多工作，但定期的生活津贴仍被提升到每周 7 美元。

编号 79——爱尔兰人，在 1909 年时 39 岁；3 个子女，分别是 6 岁、4 岁、1 岁。 V 先生是一位钢铁制模工人，1908 年死于中暑。他没有给家人留下任何财产。因此他的家人在他死后和他的弟弟住到了一起。5 个月后，V 太太申请城市补助金，并被建议将孩子们送到抚养机构。但是 V 太太拒绝了，她不定期地接受一些救济金。1909 年，V 太太搬离了小叔子家，被介绍加入了慈善组织会社，她每周可以获得 2 美元的政府补助金用于购买食品和杂货。她每周通过洗车这一工作可以挣到 5 美元，她不在家的时候，由她的母亲帮忙照顾孩子。一位志愿者定期为她提供衣物。据说她的母亲酗酒，一喝酒就会忽视对孩子们的照顾。城市救济组织对此展开调查，并且扣发了救济金。但志愿者们仍然持续关注和帮助着这个家庭，家中的孩子们因此也都过得很健康。

编号 80——爱尔兰人，1910 年时 34 岁；5 个子女，分别是 9 岁、7 岁、6 岁、4 岁、1 岁。 W 先生生前是一名邮递员，每周收入 25 美元，1910 年因肺炎突然离世。他的保险金及同事的捐款共计 2 000 美元，其中的 500 美元用于支付葬礼、账单等费用，剩余的钱存入银行。W 太太的朋友发现她花钱速度很快，介绍她去慈善组织会社。由于她的健康状况不是很好，医生认为她没有工作能力。除了在教堂做少量的缝补工作外，她没有其他收入来源。有时她会有房客，每月支付给她 8 美元。一个对慈善组织会社感兴趣的爱心人士同意在她每周只从银行提取 6 美元的情况下，每周资助她 3 美元。这一计划现在仍在进行，希望通过这样的方法督促她节省开支，直至家里经济可以自给自足。由于 W 太太是一个铺张浪费的人，她被要求对自己的开销记账，一个志愿者负责对其给予指导。

编号 81——美国人，1909 年时 30 岁；4 个子女，分别是 6 岁、4 岁、2 岁、未满 1 岁。Y 先生生前是一家海军造船厂的主管，每周收入 25 美元。1908 年，Y 先生患上白喉，在确诊 5 个月后去世。在此期间，Y 太太的两个房客和邻居们给予他们 85 美元的帮助，前雇主和亲戚们也为其提供帮助。Y 太太从保险金中省下了 300 美元，所以她第一次向慈善组织会社申请救济时，被认为不需要救济。她开始在家里做纸花以及洗涤工作。她被查出患有肺结核。亲戚们想收养她孩子的尝试没有成功，最后孩子被送至慈善机构。慈善组织会社安排 Y 太太去日间夏令营工作，但前雇主把她送到一家私人疗养院工作，在那里她用保险金支付伙食费。离开那里后，她去乡下的服务机构工作了9个月。后来，她又重新组建了家庭，她的孩子留给她的姐妹照顾，但她仍然关心着孩子。她的保险金还剩200美元，以此为资本，她试图招揽租客，但是她并不是一个优秀的女商人，因此上当受骗，损失了资金。因为这个原因，再加上她精神紧张，很快就放弃了租房事业。Y太太现在除了照顾她的家庭外，未做其他工作。她得到牛奶和每周7美元的定期补助，这一状况至少持续了三年。Y太太的一个姐妹也是女性丧偶者，她的孩子和Y太太家一起生活。每周为Y太太增加5～10美元的房租收入。一个每周到访的志愿者赢得了Y太太的信任。她报告说孩子们按时上学，Y太太的健康状况总体上有所好转，家庭情况也很好。

编号86——美国人，在1909年时25岁左右；2个子女，分别是2岁、未满1岁。A先生的身体一直以来都不太好，但他总是竭尽所能正常地工作，每周可以挣12美元。他死于1909年，彼时，他的妻子还有3个月就要临盆了。她得到了一笔331美元的保险金，其中的150美元被用于操办葬礼以及支付拖欠了7个月的房租。3周后，A太太向一家私人机构提出了救济申请，但因为已经得到了保险金，机构拒绝了她的申请。孩子出生后，A太太的境遇立即引起了慈善组织会社的注意。之后A太太一家每周可以从城市救济机构以及圣云先会那里得到2～3美元的救济金。A太太的精神状况极不稳定，时常表现出歇斯底里的症状，且她患有静脉曲张。她毫无经济头脑，花钱不动脑子，人们很难说服她理性且有计划地消费。实际上，除了救济金，A太太唯一的生活收入来自她的两个房客，他们每周付给她4美元。但是政府救济机构一直以来怀疑她有一笔结婚前的财产存在银行。A太太在邻市有一个亲戚，政府救济机构的拜访者认为这个亲戚应该多多照顾A太太和她的家人。圣云先会和A太太的这位亲戚一直有密切往来，所以就把A太太一家委托给了此人照顾。有一次，A太太走丢了，去了另一座城市，被一位牧师送了回来。现如今，一切又回归平常。

编号90——有色人种，1904年时30岁；5个子女，分别是10岁、5岁、3岁、1岁、未满1岁。B先生曾在一家煤矿场工作，1904年冬季他因为受冻而去世。他获得了125美元的保险金，其中70美元用于葬礼开支，6美元支付给了医生，还有一些用于购买衣物。后来B太太的兄弟住了过来，有他的帮助再加上剩余的那些保险金，这家人得以维系了1个月，之后她便向会社求助。这家人很快引起了慈善组织会社的关注，并且一家私人机构给他们提供了临时性援助。就在那段时间里，她家3岁的孩子不幸夭折，那年晚些时候，不到1岁的婴儿也夭折了。B太太于是患上神经衰弱，无精打采，她和跟她同住的姐姐都希望能够得到慈善组织的帮助。慈善组织决定资助她医疗护理，不过在其他方面她需要自给自足，所以她或许要做更多工作。她有两位房客，一位是她的兄弟，另一位每周给她3.5美元房租，而她其他的工作收入通常每周不超过1美元。尽管有姐姐照料孩子，但B太太在家时孩子们并未受到太多照料。跟她同住的兄弟后来遭到一个被他始乱终弃的女孩控告而遭逮捕，于是他不再跟B太太同住了，但他会偶尔给她寄些钱。她的姐姐最终在一户人家那里找到了一份每周4美元的工作，对她也算有点帮助。B太太的身体开始好转，医生说她绝大多数的病是因心理因素造成的。最大的那个女儿比较任性，在儿童机构的监护下她寄宿于一户人家，由B太太支付伙食费。大女儿将一直在那儿生活，直到她达到工作年龄。B太太的第四个孩子如今已7岁，患有典型性肺结核，无法治愈，住在一家医疗机构。现在唯一住家的孩子身体强壮，在学校的管教下他的思想品德貌似有所提高。据记载，救济物资为55美元。

编号91——英国人，1909年时33岁；4个子女，分别是7岁、5岁、4岁、3岁。C先生是一位服务员，工作不守纪律，据说很懒。1904年、1906年、1907年以及1909年9月，他的孩子分别由一户专门临时性照看孩子的人家照料。一个月后，C太太再次向这户人家提出申请照看孩子，并由这户人家向慈善组织会社提出援助请求。C先生之后进了医院，癌症和肺结核的病痛折磨着他。尽管慈善组织会社对C太太的道德品质有所怀疑，但没有明确的证据支持让法院判定（她不诚信）或扣留救济物资以强制他们分家。但C太太无论如何都要抛弃两个较为年幼的孩子，一家儿童慈善组织会社将这两个孩子在外面安顿好。[①] 次月，C先生病逝，没有给家里留下任何财产，他的单位倒是资助了50美元。（被抛弃的）两个孩子仍需要在外解决伙食问题，C太太为此每周支付2美元。一家私人机构每周资助2美元用于购买生活用品，另一些生活用品和煤由教会资助。教会上门服务的志愿者经常看望C太太，所有组织会社都乐于帮她保住工作。她有时一周能挣7美元，但是这份工作不稳定，她和教会志愿者都觉得她不靠救济是无法生活的。1910年她进了医院，腹膜炎和子宫问题的病痛折磨着她，医院将她送到了乡下，她的孩子们则由慈善组织会社照料。

① 在那以后（1910年），有证据表明C太太有不道德的行为，她将两个较为年长的孩子带在身边，而抛弃了两个较为年幼的孩子。

编号 97——意大利人，在 1909 年时 26 岁；4 个子女，分别是 10 岁、8 岁、2 岁和一个在申请 3 个月之后出生的婴儿。D 先生是一个理发师，每周赚 12 美元，在短期生病后于 1909 年因肺炎去世。虽然没有保险金，但他的葬礼是由捐款支付的，而 D 太太则搬去和她的兄弟住在一起了。在当时，她还有 5 个月就要分娩了。2 个月后，她向慈善组织会社提出了申请。直到她分娩之前，其他子女们一直被安排在教会之家。不久后，她返回医院去做手术，接着去了康复之家；最小的那个婴儿最开始是由一个儿童慈善组织来照顾，之后转到了市里；其他子女则由亲戚和教会之家来照看。后来，D 太太带着除了小婴儿以外的其他孩子回到了她哥哥那里。她哥哥的收入并不足以养活他们所有人，而随着她声称她的亲友们虐待孩子们，她就去找了一个单独的房子，并且去了一家洗衣店工作，每周可以赚 4.5 美元。2 岁的孩子被送去了托儿所。至于补助，房租每月 6 美元，食杂费用每月 4 美元，均是由慈善组织会社与一个意大利牧师一起合作提供的，这个牧师非常了解 D 太太，并且认为她很懒惰且有欺骗他人的倾向。D 太太不定期地工作，一个雇主认为她太懒了，而且工作时效率低下，所以他不会再雇用她了。D 太太身体并不好，但是会社给她提供了治疗，后来医生说她的身体已经恢复到可以去工作了。即使 D 太太得到了在家休养的机会，原有的条件并没有获得改善。孩子们开始变得不听话，家里也非常脏乱，出勤统计人员和老师都报告说她的孩子们没有定期去学校。最后，他们意志都变得特别消沉，而且D太太实在是太无礼和懒惰了，以至于过去致力于帮助她家改善条件的那个意大利牧师威胁她要带走她的子女。后来，她嫁给了一位勤俭持家的意大利年轻人，他将照顾她和她的子女。一个友好的会说意大利语的访问者将继续为她提供帮助。D太太似乎为她自己的孩子们感到骄傲并且可能开始学习，尽管她之前非常粗野无礼。

编号98——美国人，在1910年时24岁；4个子女，分别是5岁、4岁、2岁，还有一个是在申请4个月后出生。1910年，E先生因为找不到工作并且花光了积蓄而自杀。100美元的死亡保险金全用来支付葬礼的费用。E太太没有任何生活来源，所以她立即向慈善组织会社提出了申请。她只工作过很短的一段时间，因为她处于临产状态。教会最初不愿意提供帮助，但是会社每周固定从愿意提供帮助的个人那里为她提供5美元的生活津贴，而且还有另一个私人代理机构愿意替她支付房租。E太太很仔细地计算户头上的所有开支，并且也收到了他人向她提出的关于怎样更好地抚养子女的建议。当她去医院分娩时，她的一个堂姐帮她照顾其他孩子。之后，她到一家餐馆工作，每周赚

3.5 美元，她的妈妈则在那个时候搬到了附近，当她不在家时（上午 10 点到下午 3 点）帮忙照顾孩子们。她的房租仍然由私人代理机构来支付，教会每周会在食杂方面提供 2 美元的帮助，但是现金津贴减少了，甚至被完全停掉了。全家人的健康状况相对以前都有所改善。援助还将会继续一段时间，因为尽管 E 太太身体很强壮，但却不能离开家太长时间，她的孩子们还需要她的细心培养和照顾。

第二个城市

编号 102——美国人，年龄不详。1907 年时有 4 个孩子，分别是 10 岁、8 岁、4 岁、1 岁。 F 先生是一位卖冰者，冬天每周挣 9 美元，夏天每周挣 14 美元。他在一辆冰车上工作时受了伤，两年后于 1907 年去世。他工伤的赔偿请求未获批准，F 太太只获得了 150 美元的保险金。她和孩子们于是投奔了亲戚，由于亲戚家太挤了，1 个月后她便向慈善组织会社申请援助，用于建造自己的家。她身体很好，明显可以挣到足够的钱来养家。她的申请获得了批准，慈善组织会社承诺只要她不接收男房客，便为她支付 1 个月的租金。实际上，慈善组织会社为她支付了好几个月的租金，还偶尔提供食物上的补助。F 太太也从一家专为女性丧偶者提供救助的组织那里获得了救济，还获得了一份在慈善洗衣店打工的工作。最终她获得了一份整理活页乐谱的工作，每周挣6美元，不在家时小孩由亲戚和邻居照料。有慈善组织会社的援助，F太太起初表现很积极，并乐于团结家人。但渐渐地家里情况变糟了，孩子们无人管教，把自己和家里搞得很脏，满大街乱跑。F太太被怀疑与一名年轻男子交往甚密，她明显与这名男子同居了。亲戚说F太太不听劝，也不持家了。最后预防儿童虐待组织要求F太太离开那位男子，否则如有必要就剥夺她的孩子抚养权。该组织将F太太告到了青少年法院，法院判决她可以抚养孩子，准她假释数月。该组织随后的报告显示(判决后这家人的)情况令人满意，这家人的生活得以维系。据记载，救济物资为71美元。

编号105——美国人，在1908年时24岁；3个子女，分别是6岁、3岁、1岁。G先生于1908年因为胃病去世，他曾是一名司机，有一小笔积蓄但没有保险金。在这之前的6个月，这家人就已经受到来自慈善组织会社的帮助，G先生去世后，G太太便立即向慈善组织会社寻求帮助和建议。她的父母跟她同住，当时他们都没有工作。她同时获得了慈善组织会社和女性丧偶者救助组织的援助，在前者的帮助下，她获得了一份在工厂打工的工作，每周挣2～6美元。她的父亲也找到了工作，她的母亲后来也出去给人干活。目前，G太太出门工作时，孩子们就由外婆照料。这家人一度能自力更生。但9个月后，G太太的工作不太顺利，她的父亲也丢了工作，于是她决定把孩子们托给一家机构。慈善组织会社否决了她的想法，提出了一个方案：每周提供2美元的救济金，并给她父亲安排一份在堆木场的临时工作，直到他重新找到工作为止，另外还帮她安排送孩子们去日托所。G太太拒绝了此方案，并一意孤行地将两个孩子送去了那家机构。据记载，救济物资为48美元。

编号109——爱尔兰人，在1898年时32岁；3个子女，分别是5岁、3岁、2岁。I先生是一名工人，每天能挣2美元，于1895年猝死。他没有留下任何保险金，但是他的雇主帮助支付了操办葬礼的费用，并给予I太太35美元。I先生酗酒且时常旷工。他死前一年，有一次生病，在家休息无法工作，因此他的家人从教堂和慈善组织会社处领取了临时救济金。在I先生去世后，I太太立即将她的两个孩子送进了福利机构，自己带着最小的孩子住到了朋友家，打算靠做日工养活自己和婴儿。两年后，她向一个私人慈善机构申请救济，该机构给了她价值0.5美元的食品与杂货，并将她送进了一个作坊工作，她因此可以每天挣到0.5美元，并被提供晚餐。6个月以后，也就是1898年，她向慈善组织会社申请煤炭补助。那个时候她住在朋友家，每个月要交4美元的房租，但同时每周可以从教堂获得价值0.75美元的食品和杂货。慈善组织会社因此认为她可以养活自己和孩子，拒绝再提供救济。她又向其他机构提出申请，但只得到了一些衣物。她就这样自食其力了8年，但最近因为生病和害怕被强制驱逐，她给当地一家日报社的编辑写了一封信寻求帮助。如今她已经把最小的孩子送到了一家福利机构，另一个最大的孩子——一个男孩，因为已经到了工作年龄，所以他之前一直依靠的那家福利机构不再承担抚养他的义务，但这个男孩一直没办法自食其力，又因为受到征兵入伍的威胁，最终销声匿迹了。第二个孩子，因为患有肺结核住进了医院。之后又有传言说I太太酗酒且不诚实，因为有时候没有节制，所以健康状况极差，慈善机构为此表示愿意给她提供一些医疗援助，直到她的健康状况有所改善。但是I太太拒绝了。她得到的救济金不足1美元。

编号128——美国人，在1905年时33岁；8个子女，分别是12岁、10岁、9岁、7岁、6岁、4岁、3岁、未满1岁。J先生死于1905年。J太太当时预计在一个月内就要临盆了，她立即向慈善机构申请女性丧偶者救济。医院声称J太太关节处有肿胀，可能患有肿瘤，但她自己的医生否认了这一说法。在丈夫死后1个月，J太太生下了一个孩子。整个冬天，她每个月从一家女性丧偶者救济机构获得4美元的救济金。J太太一家后来被介绍给了慈善组织会社，之后的那个夏天，她的6个孩子有的被送到了亲戚家，有的被送进了福利机构，一位牧师表示愿意抚养另外两个孩子。J太太则拒绝了疗养院为她提供的医疗援助。她自己的计划是继续接待她的3个男房客。J太太的侄女承诺会继续收留她。那时，她已经停止接受治疗。

1908年，J太太一家再次被认为需要援助。她这时已经患有肿瘤但是仍然在做一份夜间清洁的工作，工作时间从午夜持续到早上8点。她每个月从女性丧偶者救济机构获得3美元。她的1个孩子仍然由福利机构抚养，另外7个则被接回了家中。最大的孩子外出工作，另外几个已到学龄的孩子则不定期地去学校学习。J太太拒绝把工作时间提前（缩减），但是3个月之后，J太太因为要接受疝气手术住进了外科病房，在没有收到慈善组织会社任何消息的情况下，她的家庭突然分崩离析，当她出院时，她的亲戚已经把她的孩子带去了乡下。此时，她再次停止接受治疗。

3个月之后，J太太重新和家人们住到了一起并继续从事夜间清洁工作。人们努力说服她继续接受治疗。经过复查，她被告知已经是肿瘤二期，她因此同意住院接受治疗。孩子们被安排住进了朋友家，家中的家具被暂时存放了起来。人们许诺她在医生认为病情稳定和足够安全的情况下，她可以回去继续与家人一起生活。J太太最终死在了医院。她的4个孩子现如今由福利机构抚养，另外一个和亲戚生活在一起，还有3个孩子住到了她的朋友家。据记载，物资救济合计7.87美元。

编号129——爱尔兰人，在1902年时34岁；5个子女，分别是7岁、5岁、4岁、3岁、未满1岁。J先生生前是一名看守，每周赚取9美元。直到他1902年去世前一两年，他们一家居住在另一个城市。在那里，他们一直接受当地慈善组织会社的救济。他的保险金用来偿还债务和支付3周的生活费用。J太太不久因为心脏问题入院治疗，孩子们则被安置在福利院。两个月后，她觉得自己的身体状况已经可以照顾家里了，所以她在这个城市安了家，之后在当地慈善组织会社的帮助下接受治疗。J太太没有找到工作，唯一的收入来源于她的兄弟租借她家一个房间的1.5美元的租金。她向教堂申请救济，教堂每周为她提供食品和杂货。后来，她请求市里帮忙照顾她的孩子，这次求助引起了慈善组织会社对她家的关注。当时的记录显示，J太太担心自己有器质性心脏疾病。表格中并没有内科医生的检查记录，但是 6 个月后，一个专科医生指出她对心脏问题过于紧张，她的情况可以通过休息缓解，应避免焦虑并补充营养。

起初，她表现出工作的意愿，并且得到她兄弟的支持，她的姐妹们也表示支持，认为这样可以维持家族的团结。一位积极友好的访问者被安排过来，同时 J 太太在一家慈善洗衣店接受培训。教会每周为他们送来食品和杂货，一个女性丧偶者救济机构每周提供 1.25 美元的补助，慈善组织会社也会在需要帮助时提供救济。后来合作机构发现她傲慢无礼，尽管她的孩子们一直生着病且流浪街头，她也不愿接受有关照顾孩子的建议。孩子们有时被日间托儿所照看，有时被邻居们照看，有时被一个受雇的老妇人看管。洗衣店的女主人发现 J 太太工作时常常敷衍了事并且拖沓。她的姐妹们也觉得她不可能维持一个像样的家庭。J 太太反复和她们说，如果她们为她做了某件事，她一定会把一切做好的。但是，当大家帮她完成这件事后，她的情况还是像以前一样糟糕，她把大家为她做的所有事都弄糟了。

由于她的受挫以及孩子们得不到很好的照顾，在 J 太太提出申请的 5 个月后，慈善组织会社同意照顾她的两个孩子。但在下个月初，J 太太又把他们带走了，在第 23 天又将他们送回。在照看孩子这一问题上，她经常改变主意，不听从建议而且经常反对慈善组织会社的意见。一年后，她终于明确要努力维护家庭的完整，这成功地让 J 太太变得真诚。她的姐妹们为她付了几个月的房租，慈善组织会社开始为她提供良好的住宿和工作（每月 30 美元，做一些家庭清洗工作），此外，也每周定期提供津贴。后来，她觉得自己无法应付，甚至轻视自己的工作，和曾经支持她的兄弟争吵，导致她的兄弟离开了她。孩子们则被送回福利院。几个月后，她坚持要再次尝试亲自照顾所有的孩子。慈善组织会社为她找到了很多工作，教堂也给予了她援助，因为她把孩子们带回家，亲戚们都不愿意继续帮助她。她无法养家糊口，一两个月后，其中两个孩子重新被送回福利院。一年后，她患上了胃炎，需要住院治疗，所有的孩子都被送去福利院了。在不到 3 年的时间里，她明显地恢复了健康，她和 3 个孩子重新组建了家庭，并且她的两个兄弟也和他们住在一起。慈善组织会社帮她找到一份洗衣服的工作，并为她提供食物，当她和她的一个兄弟失去工作时，还为他们支付了 1 个月的房租。由于 J 太太的姐妹反映她几乎不怎么工作，并一直在寻求其他救助，慈善组织会社和教会拒绝为 J 太太提供进一步的援助。

编号 132——爱尔兰人，在 1908 年时 38 岁；4 个子女，分别是 11 岁、9 岁、3 岁、1 岁。K 先生生前为图书馆管理员，每月赚取 40 美元。他在 1908 年去世，他的保险金只够支付葬礼费用。

K太太立即向教会申请了帮助，教会每周给她1.5美元用于购买杂货，并且持续到现在。丈夫去世6周后，她向慈善组织会社提出申请。她在图书馆得到一份清洁工的工作，每周赚取9美元；两个较大的孩子进入一所教会学校，两个年纪较小的孩子被安置在一个日间托儿所。一家救济女性丧偶者的机构在冬季给予她每月4美元的定期津贴，让包括救济金在内的总收入达到每周11.5美元。她的房租是每月16美元，但是和她住在一起的一对年轻夫妇支付一半租金。由于她拒绝了关于在夏天图书馆停业期间工作的建议，慈善组织会社相信她有未公开的资源。在第一个冬天，一个与慈善组织会社有关的志愿者访问了她家，但没有得到友好的回应。在申请救济的时候她的健康状况不是很好，现在有所改善。她的家是舒适的，并且孩子们得到了很好的照顾。

编号134——爱尔兰人，在1907年时40岁；7个子女，分别是13岁、10岁、8岁、7岁、5岁、3岁、2岁。 L先生曾在酿酒厂工作，于1906年死于肺结核。L太太从L先生的同事那里得到了50美元和丧葬费用。一年后，L太太向组织会社申请援助，此时她有一份清洁工工作，一周收入5美元（一晚工作3小时），还有来自房客的2美元收入。组织会社推荐她去一家援助女性丧偶者的机构(此机构在冬季每周给她 1.25 美元的常规补贴),还推荐她去教堂做缝纫工作。因为 L 太太白天很少在家,没有时间专门照顾孩子。

组织会社担心 L 太太也患上肺结核,因此敦促她做检查,可是被她拒绝了。尽管她试图节省体力,但目前她的身体状况比她第一次得知自己患病时的情况更糟。为了孩子她拒绝出远门,一年中家里由一名志愿者上门察看。之后健康委员会报告她家最年长的孩子得了肺结核,几个月来一直住在疗养院并接受诊疗。组织会社为这位女孩介绍了一份工作,不过被她拒绝了,她现在在一家百货公司做出纳。第二个孩子不久也找到了工作,工作单位就是第一个孩子工作的那家。在 L 先生生前,家里生活还可以维系。最年长的孩子到工作年龄后仍读了一到两学期的书,家里孩子们看上去也被照顾得很好。组织会社觉得 L 太太家有经济来源,只是她不承认。

编号 139——匈牙利人,在 1909 年时 28 岁;5 个子女,分别是 6 岁、5 岁、2 岁,还有一对未满 1 岁的双胞胎。M 先生是一个马夫,每周赚 7～8 美元,在得病 1 年后,于 1909 年因心肌肥大而去世。在此期间,一家日间托儿所提供了帮助,慈善组织会社也曾救济过他们 1 个月。M 先生去世时,他们全家都处于被照顾的状态。死亡保险金是 118 美元，正好付掉 M 先生的葬礼费用。M 太太似乎因为加班而身体透支，孩子们的身体也很虚弱。慈善组织会社决定每周给 M 太太固定的生活补助并且密切关注她的身体情况和生活花费。另一个私人代理机构也保证每周固定提供 6.8 美元的补助金。M 太太每周工作 4 天，大概工资是 5 美元，不久之后，改为在家做洗衣工作。她的健康因为会社给她提供特别的营养品而日渐改善，日间托儿所的保姆也为她提供了很多帮助，还有一个来自保证给她提供补助金的代理机构的志愿者来探望她。她有一个私生子，会社曾在几个月前孩子出生的时候怀疑过这件事，但是，因为 M 太太当时否认了并且身体状况也不好，所以会社一直给她提供生活补助，直到证实那确实是她的私生子为止。会社与教会合作，强制那个私生子的父亲娶了 M 太太，补助也就此停止了。

编号 145——匈牙利人，在 1896 年时 34 岁；5 个子女，分别是 8 岁、7 岁、5 岁、3 岁、1 岁。这一家是在 N 先生于 1895 年去世后 9 个月才向慈善组织会社提出申请的，此前一直靠着 50 美元死亡保险金和 N 太太的微薄收入生活，亲戚们也给予了一些帮助。慈善组织会社给 N 太太安排了一份洗衣服的工作，每周赚 2～3 美元，孩子们则在她外出时由托儿所或者邻居帮忙照看。在会社的要求下，另一家机构在一个冬天偶尔会供给N太太家一些煤，其间也会定期给她每月3美元的补助金。教会和N太太的哥哥也给予帮助。1897年，N太太把她的第二个孩子和第四个孩子托付给了一家慈善机构，以“从他们的支持中解放出来”，而这一托付就是3年。最大的孩子是个女孩，患上了肺结核，被送到了疗养院。后来，最小的孩子也患上了这个疾病，并且被同一疗养院接收。会社让教会提供那个女孩的全部生活用品，但教会认为这家人的收入足够支付定期的家庭开支。记录暗示最大的孩子之所以生病，部分原因是工作过度，因为当她妈妈生病期间，是由她照顾家里的；还有部分原因就是缺乏合理的饮食。第二个孩子驼背。N太太不再工作了，因为3个孩子可以赚到足够的钱来养家。这一家过得不错，经过多年的奋斗，N太太设法将生活维持在了一个很好的水准。教会准备为他们提供任何必要的救济，而且这一家也指望教会在危急时刻能够伸出援手。

编号158——芬兰人，在1909年时26岁；3个子女，分别是5岁、4岁、1岁。O先生于1901年去世，没有保险，亲戚支付了葬礼费用。在他去世后6个月内，O太太向慈善组织会社提出了申请，她通过寄宿者房租和日班工作来维持她自己和孩子们的生活。她患有疝气，会社建议她交托两个较为年幼的孩子，因为他们认为她的健康状况与照顾孩子造成的感染有关。她向会社提出申请但是被拒绝了，因为O太太说她宁愿接受私人慈善而不愿与她的孩子分开。她家有两位男性寄宿者，其中有一位是她的表兄弟，每人每周支付1.5美元。关注此事的亲戚说他们已经帮了他们所有能帮的忙。会社决定，在这种情况下，他们不需要慈善救济，并且终止了对他们的照看和治疗。收到的救济金额并未记录。

编号162——意大利人，在1906年时33岁；5个子女，分别是11岁、7岁、5岁、2岁、未满1岁。P先生是一位雨伞修理工，每天挣1～2美元，由于血毒于1906年突然离世。100美元的积蓄不够他治病。由于他未缴纳该缴的费用，P太太没有从P先生所属的意大利慈善组织会社领到常规的死亡抚恤金，不过慈善组织会社还是支付了丧葬费。亲戚和邻居帮困救济了P太太两个月，之后就不管了。P太太于是求助政府，政府把她托付于慈善组织会社。就在她申请求助的前一周，她生下了一个宝宝，因此非常虚弱。她蓬头垢面，脏兮兮的，生活不能自理，且不坦诚。有位亲戚答应为她支付房租，但即便如此，仍无人相信P太太可以挣到足够的钱维持其他方面的开销，以及供养5个孩子。因此，她被要求放弃其中3个孩子的抚养权，并做日班工作。她得到了紧急救济金，不过后来她收回了这3个孩子的抚养权，紧急救济金也因此停止发放了。她拒绝把孩子放在托儿所，让两个已经上学的大孩子回家照顾3个小孩子。她努力维持了10个月的拮据生活之后，求助于另外一家慈善组织，该组织间断性地为她提供了3个月的食物，并建议她放弃孩子的抚养权，但她再次拒绝，也因此被中断了救济。随后她又求助了另一家慈善组织，又被托付于慈善组织会社。该组织发现她穷困潦倒，在一家工厂工作每天只挣0.16美元。很显然，她有其他经济收入，于是又拒绝了放弃孩子抚养权的提议。3个月里，她不断求助，准备好了答应慈善组织会社要她放弃孩子抚养权的提议，第三个和第四个孩子的领养计划正在进行。她抱怨背部和胃部有问题，于是拿到一张医保卡。近4年的有关记录显示，教会、社区服务组织和慈善组织会社都发现P太太"厚颜无耻"，不好好照看孩子，动不动就乞怜。慈善组织会社认为她没有能力为孩子营造一个良好的家庭环境。据记载，救济物资是9美元。

编号164——爱尔兰人，在1908年时36岁；4个子女，分别是7岁、4岁、3岁、未满1岁。Q先生性情放纵，工作不守纪律，每周能挣 20 美元，1907 年他在一次酒吧斗殴中受伤并死去。Q 太太收到了 600 美元的保险金和抚恤金，在操办了一场奢华的葬礼之后，她把余下的钱存入了银行。教会为她提供了两个月的临时性资助，她做清洗工作每周能赚取 6 美元。后来她最大的那个孩子的老师发现他们的居住环境糟糕，并且 Q 太太因为工作过度而身体虚弱，于是老师向慈善组织会社报告了她家的情况。Q 太太好与人争吵，不爱整洁，据说情绪还不稳定。慈善组织会社后来为他们提供了一些食物，然后提议承担他们的一些生活开支，还让他们搬去一个更好的住处并支付他们一个月的房租。Q 太太久久无法决定搬去那里，最后选的地点没有得到慈善组织会社的同意。排行老三的那个孩子因为要治疗扁平足而向医院出示了医保卡。由此慈善组织会社才第一次知道了 Q 太太有一个银行账户，于是他们决定把她转介给教会，否则只能让她自力更生了。一年半后，她再次向慈善组织会社寻求帮助，教会被要求帮助她支付 1 个月的房租，并提供给她一些食物和药品。Q 太太当时神情紧张焦虑，后来被送去就医，医生安排她在疗养院休息两周，但被她拒绝。另外她还拒绝了一份在家做针线活的工作，并且拒绝发布免费求职广告，她还退还了一台礼品洗衣机。后来当她索要燃煤时，被转介给了教会。据证实，她完全不愿合作并且对改善孩子健康计划也漠不关心。她的孩子们一点儿都不壮实，但Q太太看起来情况良好。据记载，救济物资为18美元。

编号179——爱尔兰人，在1909年时36岁；6个子女，分别是7岁、6岁、5岁、3岁、2岁，还有一个在申请慈善组织会社之后才出生。 R先生是一位消防员，1909年在医院里工作时，因为吸入过量的煤气罐内漏出的烟雾而当场死亡。彼时，R太太还有两个月就要临盆了。虽然1 000美元的保险金已经失效，但是R先生的同事给了她200美元用于操办葬礼、支付拖欠的债务以及部分生活开支。R太太每个月还可以从她的两个男房客那里得到44美元。就在临盆之前，她向慈善组织会社提出了申请，之后她的房租费用被代为支付，同时得到了医疗保障，并被提供了一些婴儿衣物用品。同时，她的第二个跛腿的孩子以及最小的瘫痪了的孩子也得到了医疗服务。消防员工会拒绝支付任何死亡抚恤金，因为他们认为R先生没有缴纳会费，R太太因此向法律援助机构寻求帮助，医院方面究竟应该承担多大的责任也被列入调查范围。医院方面在R先生去世后6个月，主动提出愿意在R太太再嫁之前，每年支付给R太太300美元。

由于R太太凭借这笔钱以及房租的收入可以舒适地生活，慈善组织会社决定停止对她的医疗援助。在这期间，她的一个

11 岁的侄女从爱尔兰来到她家和她生活到了一起。据记载，这段时间给予她的救济金为 31.66 美元。

编号 182——爱尔兰人，在 1910 年时 38 岁；4 个子女，分别是 7 岁、5 岁、2 个未满 1 岁的婴儿。 S 先生死于 1910 年，彼时，他们一家一直接受慈善组织会社的援助。S 先生是一位司机，每周可以挣到 15 美元，他在患上肺结核两个月之后不治身亡，在患病期间，他的亲戚一直给予他帮助。他死后，家人获得了 250 美元的保险金，被用于操办葬礼和偿还债务。S 太太十分沮丧，她希望将自己 3 个稍年长的孩子送入福利机构，自己找个地方安顿下来照顾最小的那个婴儿。慈善组织会社每周定期向 S 太太支付 10 美元。在为期 6 个月的时间里，S 太太接受了一位专业营养师提供的训练，学习烹饪，这位营养师同时还负责监督她的支出情况。据推测，眼下施行的这些援助行动只是暂时的，慈善组织会社打算为她制订一份更为长期的计划。① 在 S 先生

① 1910 年以后，这份长期计划获得通过：S 太太可以和她的孩子们一起生活，但是需要自愿放弃一部分救济金，每月得到的救济金从 40 美元降到 19 美元，并到离家很远的地方工作，报酬为每天 1 美元。有一次，因为她的孩子生病，慈善组织会社又将救济金的标准恢复到了 40 美元。但是等到孩子病愈，S 太太表示要继续按长期计划的规定来办，因为她认为工作的感觉更好。

死后，S 太太和她的孩子们接受了检查并被确认未患上肺结核，之后他们的健康状况日趋好转。

编号 186——爱尔兰人，在 1909 年时 39 岁；6 个子女，分别是 11 岁、10 岁、8 岁、6 岁、4 岁、2 岁，以及一个申请救济后出生的孩子。T 先生是一名工人，每周固定有 12 美元的收入，1909 年因手术意外去世，死后并未留下保险金或救济金。T 太太后来希望能得到 1 个月的产假。在 T 先生生病期间，他们靠着 T 先生工友们捐助的 50 美元，还有 T 太太姐妹给的 15 美元，以及教堂每周救济的价值 1 美元的食品及杂货生活。在 T 先生去世后，他们立即向慈善组织会社申请救济。一般救助持续到 T 太太的孩子出生为止。一个表亲搬来和 T 太太一起住，每周支付给她 5 美元房租，慈善组织会社每周给 3 美元，教堂每周给 0.75 美元，她的姐妹每月给 10 美元。在情况允许时，T 太太每周在家工作 3 天。（慈善组织会社）拜访了她的雇主，他承诺每周固定提供 3 美元补助，并把之前用于 T 太太家庭的钱退还给慈善组织会社。她的表亲后来结婚搬走了，但同时 T 太太也得到了一份女门卫的工作，每周工作三天半，在救济金之外给她带来每周 5 美元的额外收入。T 太太和她的孩子们获得了生活的力量，并对家庭状况感到满意。定期的补助将持续到家里最大的孩子能够工作时为止。

编号195——瑞士人，在1905年时32岁；3个子女，分别是6岁、4岁、3岁。 1905年U先生由于自己的疏忽导致车祸而丧命。当时没有保险，但公司支付了300美元用于葬礼、医生账单和债务。4个月后，U太太向慈善组织会社提出了申请，她通过她做女警卫和在其他人家洗衣的工作获得无利息的租金。她并不强壮，会社和教会给予她临时的救济。后来一个救济女性丧偶者的机构定期给予她每个月2美元的津贴和牛奶。U太太每周赚3～4美元，母亲不在的时候，孩子们被安置在一个托儿所，直到他们成长到可以上大学的年纪。她的健康状态和精神状态都有所改善，孩子们的健康状况良好，在学校品行良好，表现优秀。

编号196——匈牙利人，在1904年时28岁；3个子女，分别是4岁、2岁、未满1岁。 V先生每周赚取10～12美元，于1904年在短期患病后因结核病死亡。150美元的保险费用于殡葬，在接下来的6个月里，V太太主要依靠她自己的收入和丈夫亲戚那儿的一些帮助维持生活。慈善组织会社发现了她有抑郁和紧张的状况，之后她向慈善组织会社提出了申请。慈善组织会社把她转介给了她的教会，教会同意帮助照顾她家。然而之后教会停止了帮助，也没有给予足够的援助。后来通过社会补助金每天给她两夸脱[1]的牛奶，并帮助她解决杂货和燃料的问题。V 太太每周通过洗刷工作赚取 6～7 美元。孩子们放学就到托儿所吃晚饭并待在那儿。V 太太的健康状况有所改善，尽管她仍然患有抑郁症。救济将一直持续到最年长的孩子达到工作年龄为止。

编号 199——波希米亚人，在 1902 年时 30 岁；3 个子女，分别是 5 岁、2 岁、未满 1 岁。W 先生于 1902 年去世，生前是一名守门人，据说有赌博和酗酒的嗜好。W 先生去世时没有留下保险金。在申请慈善组织会社救济前的 4 个月，一家人靠着亲戚们的救济、一个波希米亚旅馆给予的少量帮助，以及 W 太太挣取的微薄收入过活。W 太太并不强壮，慈善组织会社每月给予她 5 美元的补助，此外教堂也给予她一定的帮助。这项补助持续了 8 年，后来由于 W 太太的赚钱能力提升了，慈善组织会社给予的补贴减少至每月 3 美元，并一直持续到现在。W 太太通过做日班工作和打扫办公室，每周挣 7 美元。当她不在家时，孩

① 1 夸脱等于 0.946 升(美制)。

子们由亲戚照看。尽管W太太不得不预防结核病恶化，在这些年里她的健康状况的确有所改善。W太太最小的孩子有心脏病，身体很弱。从1907年起，一名志愿参观者与该家庭保持密切联系，关注着W太太家里所有家庭成员的健康状况，让他们接受她自己的内科医生的检查，并通过社区办事处为孩子们提供牛奶，孩子们得到很好的培养，并且入学接受教育。

编号206——爱尔兰人，在1905年时30岁；4个子女，分别是9岁、6岁、2岁、未满1岁。Y先生于1905年去世，只留下50美元的保险金，所以家属立即向慈善组织会社提出了申请。他们获得了食物的救济，并被给予了一些租金。还有一个救济女性丧偶者的机构提供了帮助，教会每周资助1美元。在Y太太申请之时，患有心脏和肾脏方面的疾病，但已经给予了医疗救助；她现在病情已经好转，每天都能够工作。她的日班工作可以使她每周赚得6美元。孩子们则被安排在日托中心或学校。五年内总计已经拨款277美元。1910年5月，最年长的男孩每周工作稳定收入3.5美元，此后只有在必要时才给予救济。

编号207——爱尔兰人，在1908年时38岁；5个子女，分别是10岁、7岁、4岁、2岁、未满1岁。A先生是一个工人，每周赚 10 美元，在短期生病之后，于 1907 年因肺炎去世。此时，A 太太还有 3 个月就要分娩了。A 先生有 250 美元的死亡保险金，其中 150 美元用在了他的葬礼上，其余部分被 A 太太节约使用，维持了 2 年的生活。在 A 太太的丈夫去世 6 个月后，她向一个机构申请了给女性丧偶者的救济，在冬天可以每周固定获得 5 美元的补助，并持续了大概 2 年时间。在她的孩子降生 1 个月后，她又向慈善组织会社提出了申请，会社为她提供了工作，并且安排了一个老妇人和她住在一起，以便当她不在家时可以帮忙照顾孩子，作为交换，A 太太为这个老妇人提供食宿。此外，会社还为 A 太太提供煤，另一个私人机构也在会社的带动下愿意在 A 太太需要帮助时给予额外的救济。A 太太做打扫办公室的工作，有时也在家里做些洗衣的工作，平均每天工作 2 小时，每周能赚 7～8 美元。然而，因为扁平足，她的身体就不像从前那样健康了。她的孩子们身体不错，并且在学校的记录都很好。有一个志愿者会来她家探访。这些救济将会持续到最大的那个孩子获得工作证明为止。

编号 214——德国人，在 1903 年时 31 岁；5 个子女，分别是 12 岁、10 岁、5 岁、1 岁，以及一个在申请救济后才出生的孩子。 B 先生生前是一名码头工人，每周赚取 12 美元。他在生活上很放纵，和家人生活在镇上一个条件很差的地方的拥挤的公寓里。在去世（1903年）前4年，他从一个私人机构得到一些暂时性的救助。他后来患上了结核病，在去世前两周，他的家人向慈善组织会社申请了救济，慈善组织会社为其提供了暂时性救助。B太太后来希望能得到5个月的产假。（B先生去世后留下的）75美元的保险金中的55美元用于支付葬礼费用，剩下的用于其他费用。两个年长的孩子在假期里打工挣钱，邻居们也给他们赠送食物。B太太是一个冷静、务实的人，把孩子们照顾得很好。可能由于缺乏足够的食物，她的健康状况不是很好，后来又因为受伤，右眼失去了视力。她得到了需要的救助，到医院生产前，她一直在家中做着教堂的缝补工作，而她的孩子则留给亲戚们照看。她出院后，一个致力于帮助女性丧偶者的机构为她家追加了一笔补助，这一计划旨在帮她支付房租并每周为其提供2美元的补助，冬天时变成每月5美元。一个护士被安排过来照顾孩子们的健康。这一计划被实施了，教会帮忙支付房租，派来一个友好的访客，并为她提供一份在家做缝补的工作。不久，她的长子得了脑膜炎并被送至医院治疗，后来又被送往乡下疗养数月。她的第二个孩子获得了一副眼镜。到了1905年，由于B太太的状况不是很好，常规补助增至每周3美元。1907年，由于她的长子每周可以赚到4美元，补助减至2美元。从那之后，随着他们家的赚钱能力逐渐提高，得到的补助也逐渐减少。现在，B太太的两个年长的孩子都在工作，每周分别赚取7美元和6美元，B太太每周做4天的日班工作，赚取6美元。她的一个兄弟曾和他们一起生活了一年半，其间每周支付5美元的食宿费，现在已经结婚搬走了。B太太比以前更加健壮和乐观。她的第三个孩子去诊所矫正脊柱轻度弯曲。他们一家搬到更好的地段居住，那里有4个明亮的房间。夏天的时候，B太太和孩子们会在乡下住上10天或2周。因为发现了感染结核的轻微迹象，会社对她的监督仍在继续。一个区域委员会的成员将扮演两个男孩的"老大哥"。

编号225——德国人，1905年时31岁；5个子女，分别是12岁、9年、5岁、4岁、未满1岁。C先生是一个裁缝，每周赚16美元，C太太是一个护士，每周平均赚3～4美元。他们住在舒适的房间里，租金是15美元。C先生在1904年去世时，其朋友的一小笔捐款是这一家生活的唯一来源。之后，C太太的收入和来自教会偶尔的帮助使得这一家得以度过接下来的5个月。在C太太向慈善组织会社提出申请前，她一直在努力工作养家，最大的那个孩子则为了照顾其他孩子而辍学在家。C太太身体一点也不健壮，并且有忧郁的倾向，但她在大家的鼓励下，却总能勇敢地面对生活。慈善组织会社安排了4岁的那个孩子去全日制的幼儿园，并且同意向一个全天照顾孩子们的很靠谱的女人支付费用。此外，C太太每周还固定获得一些生活津贴，这样她每周的总收入达到了12美元。这些补贴每月总计10～20美元。C太太做了很多种工作——护士、打扫宾馆的服务员，以及做家庭缝纫工作。她自己每周的收入是7～9美元。当她可以在家工作时，会社对婴儿的食宿支持不再继续了。后来，当家里的女孩子们工作后，家里的收入达到了每周12美元的标准，会社的定期补助就逐渐减少了。离开学校9个月之后，最大的那个女孩任性地去了一个机构工作，并在那里待了一年半。最后，在一个友善来访者的帮助下，这个孩子被安排了一份更好的工作，是在一家染色工厂。第二个和第三个孩子头脑都有问题，最小的一个孩子身体虚弱。C太太作为这些孩子们的母亲，因为努力工作以及对她那些任性自私的孩子们的担心，看起来也很虚弱。她又一次患上了神经抽搐，还因为身体内脏的毛病而做了手术。当C太太患上肺结核时，这一家子又自食其力了1年。会社安排C太太去参加了日间野营，请了一个妇人去做家务，还在这家需要时给予收入补贴。据说，C太太的治疗效果很好。在这些年里，有一个友善来访者一直都给C太太一家以关怀并且和他们建立了亲密的关系。现在，C太太一家过得很好，一直维持在正常的生活标准。所有的孩子身体都很好，而且年纪稍长的几个女孩子也似乎不再那么任性自私了。

编号 228——爱尔兰人，在 1909 年时 36 岁；6 个子女，分别是 9 岁、8 岁、7 岁、6 岁，还有一对 2 岁的双胞胎。D 先生是一个卡车司机，在 1908 年因被从货车上甩出而导致死亡。葬礼的 165 美元费用是由死亡保险金的 135 美元和由朋友们一起凑的 30 美元支付的。工友们捐了 500 美元，按照每周 15 美元的方式分期付给 D 太太。在 D 太太向慈善组织会社提出申请一年半后，这些钱被花光了，但是亲戚们给 D 太太提供了寄宿房间，教会每周给她价值相当于 0.5 美元的食杂物品，她的雇主则每周给她 3 次肉类食物。一个朋友照顾最大的那个孩子。D 太太在那时没有特别抱怨她的健康问题，但是也说了她的身体不能胜任工作。她的亲戚不愿再给他们提供庇护后，她想要把 4 个孩子托付出去，因为她认为自己能够养活自己和剩下的 2 个孩子。于是雇用她丈夫的那家公司帮忙安排，将最大的孩子和另两个孩子托付给了别人。会社向 D 太太保证会支付她的房租并提供日常用品，直到她可以找到养活家人的工作为止。另外，会社也努力帮她寻找合适的工作，还把她的孩子们送到日间托儿所去看护。后来，因为有 2 个孩子病得特别严重，D 太太被建议放弃工作，以便可以全身心地投入对孩子的照顾中。在其中一个孩子去世而另一个孩子康复之后，她又开始找工作了，但是她在这件事上并没有投入太多精力。她被建议把第4个孩子也托付出去，把另一个婴儿带到工作的地方去照顾。记录在案的救济价值91美元。

编号236——波兰人，在1898年时32岁；5个子女，分别是7岁、4岁、2岁、1岁(非婚生)，还有一个在向慈善会社组织提出申请后14个月出生的婴儿。 E先生是一位裁缝，生活放荡不羁，据牧师说，他是死于癫痫发作，但是他的妻子却说他是死于肺炎引起的伤寒发作。他死前两年，也就是1898年，E先生一家就已经同时接受慈善组织会社和一家私人机构的援助，这一援助持续了数周。E先生的保险金数额为600美元，但最后只兑现200美元，这其中的100美元被用于支付操办葬礼的费用以及偿还拖欠的债务。E太太免费获得了房租，同时还有女仆寄宿于她家中，时不时为她提供帮助。在丈夫死后3个月，E太太向慈善组织会社提出申请，理由是她贫困且没有工作。一位热心的访客承诺帮她找一份工作。由于她对家庭照顾有加，慈善组织会社每个月给予她6～7美元的租房津贴，前提是她不接待男房客。她靠做日班工作每周能挣2～4美元，当她不在的时候，邻居和护士会帮忙照顾她的孩子。E 太太除了患有风湿，身体并无大恙。1898 年，她未婚生子，诞下一个婴儿，这被视为有伤风化的不道德行为。尽管 E 太太声称自己已经结婚，但是她没法拿出证据。在她分娩期间，慈善组织会社继续为她提供援助。E 太太要将孩子们接回抚养的请求被列入考虑范围，但是被一拖再拖，原因是慈善组织会社认为 E 太太无力抚养孩子。人们这时还认为她对家庭的照顾不尽如人意，她之后又搬去了一个风评不好的地方。在慈善组织会社的要求下，3 个较大的孩子被送进了福利机构，人们认为孩子们在那里生活的话不会变得意志消沉。E 太太在之后的一段时间里努力表现，证明自己有能力抚养自己的孩子，她的孩子们又被送回了她身边。之后，最大的孩子被慈善组织会社安排到一家印刷厂学习做生意，但由于不满低薪酬，这个孩子离开了印刷厂。老二——一个女孩，极其任性，且与社会上的男人有不正当的交往，慈善组织会社曾经帮她找过两份工作，但是她都因为自身的原因被解雇了。其中的一位雇主指控她偷拿东西。人们建议 E 太太将这个女儿送进福利机构，但是 E 太太拒绝了这一建议。之后这个女孩找到了一份跑腿的工作。这个家庭终于能够自给自足了，但是在经过了这么多年的努力之后，情况的改善实在微不足道。因此，慈善组织会社转而又向教会寻求建议和帮助，教会对这个家庭中那个极其任性的女孩很感兴趣。之后，E 太太一家举家搬迁，在寻找他们的过程中，发现 E 太太在两年前就已经再婚了，那个所谓的“私生女”确实是她自己婚生的孩子。

编号 237——意大利人，年龄不详；3 个子女，分别是 4 岁、2 岁、未满 1 岁。F 先生死于 1908 年 11 月，之前有一年病史，死后没有给家里留下遗产。在他生病期间朋友们都有帮忙。F 太太向慈善组织会社提出申请救助，6 个月后他们一家搬去与朋友同住，家具临时安放在地下室。F 太太总喜欢依赖别人和逃避责任。她想把老大和老二交给别人抚养，她声称“靠缝纫工作赚的钱不够多，无法养活自己和孩子”。慈善组织会社于是为她支付每日幼托费，向她提供慈善洗衣店的工作和培训；慈善组织会社认为，除此之外没有必要再提供其他援助。F 太太拒绝把孩子放在日托所，她把老大和老二放在一家儿童福利机构。1 个月后她把这两个孩子接了回来，把其中一个孩子送到亲戚家住，把最小的婴儿送到收容所寄养（2 个月后这个婴儿死在了收容所）。通过洗衣店的培训，F 太太成了一位优秀的洗衣工，有能力赚到足够的钱养活自己和她剩下的两个孩子，这两个孩子现在都与她生活在一起。她总共获得的救济物资没有记载。

编号238——美国人，在1908年时34岁；7个子女，分别是10岁、9岁、8岁、6岁、4岁、3岁、1岁。G先生死于1908年1月，没有保险费，但他所属的裁剪师工会为他支付了丧葬费，他的工友为他捐助了65美元，教会捐助了20美元。月底，还剩下15美元，G太太向慈善组织会社申请救助。会社建议她把4个孩子交给一家孤儿院，因为她个儿很小，看起来没有能力供养自己和7个孩子。尽管如此，她拒绝丢下任何一个孩子。她上日班，每周挣6美元，慈善组织会社于是承诺为她支付房租，教会为她支付孩子的日托费。很明显工作并未损害她的健康，一年半后有记录显示，她的健康状况良好。之后她做了一个必要的手术，自那以后她的身体没那么强健了。最小的婴儿去世了，不过其他孩子的身体还行，这得益于教会和日托所让他们长期远足锻炼。G太太工作努力，做事井井有条，持家有道，对追求她的人彬彬有礼，最后她嫁给了所属的教会中一位名声还不错的男士。

编号239——意大利人，在1908年时28岁；4个子女，分别是7岁、4岁、2岁、未满1岁。H先生是一个酒保，之前没什么正经工作。1907年，他死于支气管炎，只为家人留下了140美元的保险金，其中的109美元被用于操办葬礼。3个月后，H太太向慈善组织会社提出申请，当时她手上的那笔保险金已经用完了。她的亲戚给了她一些食物，牧师则帮她缴纳了房租。H 太太一直照顾着自己的孩子们，可能是比较操劳的缘故，她看上去很瘦弱。两个稍年长的孩子被送进了福利机构。由于有亲戚的帮助，所以救济金被认为没有必要，她因此没有救济金收入。慈善组织会社表示愿意为 H 太太以及她的孩子提供疗养护理，但是 H 太太并未接受。再后来，H 太太的亲戚无力再为她提供资助，因此 H 太太从亲戚家搬了出来自己租房住。慈善组织会社帮她支付了 2 个月的房租，给了她一些食物以及一份洗衣工的工作。她在这座城市终于有了自己的一席之地，一段时间里，她把她的两个孩子和最小的婴儿送进了收容所。慈善组织会社也同意了她的这一安排。但是这一尝试以失败告终。她不情愿地把孩子们从福利机构接了出来。之后，第三个孩子在她的要求下又被送进了福利机构，但这一行为没有得到慈善组织会社的首肯，他们认为 H 太太有能力抚养这两个孩子。之后，她每周可以挣到 4 美元，又搬去和朋友住到了一起，勉强能养活她自己以及最小的婴儿，这个婴儿同时受到一位护士的照顾。据记载，物资方面的救济金总计有 54 美元。

编号 246——爱尔兰人，在 1909 年时 24 岁；2 个子女，分别是 2 岁、未满 1 岁。I 先生在 1909 年 1 月因为阑尾炎去世，这家人立即向慈善组织会社提出了申请。会社为他们家提供了紧急救济，并建议I太太将一个孩子送到一个机构，把另一个孩子带到她工作的地方。I太太拒绝了会社的这个建议。当预防虐待儿童协会报告她和她的亲戚有不良记录时，会社和教会合力去寻找I太太没有合法履行监护人责任的证据。最后孩子们被预防虐待儿童协会转移并安置在了机构中，原因是I太太的漠不关心和酗酒。I太太现在和朋友们住在一起且有能力养活自己。记录在案的救济物资为5美元。

编号247——德国人，在1903年时33岁；5个子女，分别是10岁、8岁、7岁、4岁、未满1岁。 J先生是一个制造盒子的手艺人，每周可以挣到16美元。1903年，他在染上肺结核4个月之后不治身亡。他生病期间，家人依靠家中的少量积蓄以及病假津贴生活。J太太之后得到了一份工作并因此被减免了一部分房租。在最后的两个月里，教堂为她提供了两次食品及杂货，每天给她一夸脱的牛奶。在J先生去世前的两周，他们一家被介绍到了慈善组织会社。慈善组织会社提出的计划是和另一个慈善机构为J太太一家提供定期的津贴。教会和慈善组织会社为他们支付了6个月的房租。J太太外出工作的时候，就把孩子托付给托儿所里的护士照顾。该计划一直得以施行。6个月之后，救济金继续发放。教会停止了对其房租的负担，改为每个月为她提供价值3美元的食品及杂货。但是慈善组织会社继续发放给她4美元用于支付房租。J太太每周可以挣到4～6美元。一开始，J太太和孩子们的状况都不太好，孩子们染上了疾病。慈善组织会社为孩子们准备了食物、牛奶、婴儿车，帮助减轻J太太在照顾孩子方面的负担以保证她可以外出工作。稍年长的孩子渐渐长成了一个健壮的小伙子。由于得到了慈善组织会社的卫生指导，整个家庭的健康状况都得到了改善。家中最大的孩子被送进了学校，但在学校的一年时间里，他不断旷课，两次被学校开除。有一次，慈善组织会社用停发救济金的方式强制要求这个男孩去工作。但在第二个孩子——一个女孩得到了一份稳定的工作以后，救济金被再次恢复。这个女孩在一所贸易学校学习缝纫。J太太的3个稍年长的孩子现在都在工作，这个家庭已经可以自力更生了。

编号248——匈牙利人，在1900年时34岁；3个子女，分别是5岁、4岁、1岁。K先生当时从事裁缝工作，每周收入4美元，但他需要每周支付7美元的房租。1900年他不幸瘫痪，不久便去世了，也没有留下什么遗产。因为当时K先生收入低微，并且他和K太太都身患疾病，所以慈善组织会社在此之前一年就开始救济这家人了。在这期间,K太太显得体弱多病不够强健。一名医生曾报告称,K太太患有风湿疾病并且心脏功能较弱。她丈夫过世后,慈善组织会社提议K太太如果愿意抚养孩子的话,他们就为她支付房租。后来她病得非常严重并住进了医院,于是教会在她的许可下把她的孩子安置在一家(儿童福利)机构。她出院回家后,慈善组织会社又提出如果她能把孩子接回家照料,他们将为这家人承担房租。但K太太表示她还比较虚弱。一年以后,这家机构的官员要求她把家里老大接回家去,因为他们觉得她有能力抚养这个孩子。K太太显然能够正常工作,于是相关救济停止了。但1个月后,她又提出了救济申请。她和老大、朋友们住在一起,当时她极度贫穷也不能工作,她手上的皮肤因使用劣质肥皂和洗衣粉受到强烈刺激而受损。她被慈善组织会社安排在家里疗养恢复,因为她是一位好母亲,能把家里打扫整洁,所以他们承诺向她提供常规性援助,条件是她把两个孩子从儿童福利机构接回家抚养。但她不愿意这样做并声称没有足够的收入抚养孩子们,甚至连一个都养不起。此外,她对自己的抚养能力信心不足。尽管如此,她还是把老二接回来了,但那时这孩子得了重病,之后便被送入了医院,此时她把老三也接了回来。出于必要,会社对她家的救济延长了一段时间,之后又停止了。两年后,她因为得了风湿病,又被迫提出了救济申请。老二不幸夭折，另外两个孩子继续跟她生活。她靠照料别人家的婴儿来赚取支付房租的费用。她的身体比以前差很多，估计无法支撑这个家了。慈善组织会社于是向他们提供每周4美元的救济直到老大开始工作。之后她又接受了另一份照料婴儿的工作，加上之前的工作，每周一共有15美元的收入。K太太饱受疾病困扰，且身体状况不断变差，现在她相当于一个残疾人。一位护士在健康卫生方面对她进行了全面培训，好让她能更好地照顾自己、她的孩子们和那两个因为工作需要她喂养的婴儿。她的一个孩子一度受到肺结核的威胁，不过在切除了部分腺体组织后他的身体得以好转，生活质量不错并能够维持。

编号252——美国人，在1906年时32岁；4个子女，分别是13岁、6岁、4岁、2岁。L先生在电信公司工作，每周赚取14美元。他在1905年生病后不久就死于肺炎，留下数额不明的保险金暂时维持家庭的生计。在向慈善组织会社提出申请的一年半前，有段时间一个朋友每月给他们15～25美元的资助。冬天的时候，一个女性丧偶者救济机构每月给他们5美元，教会也给他们少量补助，还有一个私人机构为他们提供食物。该家庭向慈善组织会社提出申请时的收入是每月41美元，然而慈善组织会社在一段时间后才知道此事。在申请（救济）的时候，L太太正遭受运动性共济失调的折磨，并且感到越来越无助。慈善组织会社每周固定给予他们 5 美元的补助，后来还每月支付 15 美元的房租，1909 年增加到 25 美元。L 太太在攫取金钱方面表现出不诚实，故意虚报她的收入和获得的帮助，以至于给予她关注的慈善组织会社不再和她合作。孩子们的性格也在变坏，经常旷课。她的第二个孩子——一个女孩，已经感染了淋病。她的长子因为懒惰失去了第一份工作，之后慈善组织会社帮他找了另一份工作，收入从每周 4 美元涨到 8 美元。L 太太的长子于 1911 年 2 月去世。在他去世前，该家庭的实际收入是每月 85 美元。L 太太有计划地在房地产领域进行投资，直到拥有价值超过 1 000 美元的资产。由于她现在实际上生活不能自理，以及受她言论的恶劣影响，慈善组织会社计划把她与其家庭分开，把她安置到不治者之家。

编号 253——美国人，在 1906 年时 35 岁；4 个子女，分别是 13 岁、10 岁、4 岁、2 岁。M 先生是一名领带销售员，每周赚取 15 美元；M 太太做着女门卫的工作，这可以使房租减至每月 8 美元。1906 年，M 先生在患上结核病 3 个月后去世。他留下的保险金共计 205 美元，其中 130 美元用于葬礼开销。两周后，M 先生的家人向慈善组织会社提出申请。由于 M 太太是一名静止期结核病患者并且仍在接受治疗，她家人的情况也被密切关注。M 太太用丈夫的保险金、一些积蓄以及一个工会的救济金支撑着家庭，8 个月后，由于压力过大，M 太太的健康情况似乎出现了问题。由于 M 太太每周仅能赚取 2.5～3 美元，慈善组织会社决定帮助她支付每月 8 美元的房租。后来，给 M 太太的救助金从 3 美元增加到 5 美元，这样可以让 M 太太安心去医院接受治疗。她的长女是一个屡教不改的人，慈善组织会社劝 M 太太做出保证，并且搬到更好的街区去。M 太太对此表示拒绝，因此，给 M 太太家的救助金被撤回。几个月后，M 太太家确实搬到了更好的街区，并且她的长女也去了一家商店工作，之后救济金得以重新发放。刚开始是每月 10 美元，后来减为每月 8 美元。年末，M 太太被发现有一个私生子。儿童保护协会没有去拆散这个家庭，而是允许 M 太太同孩子的父亲结婚并保持家庭的完整。这个新家的状况不是很令人满意。通过健康监管、乡镇护理等措施，孩子们的健康状况得到了改善，但是孩子们没有按时去上学，并且因为家里的状况而意志消沉。M 太太的长女有个出生 1 个月的私生子，而且她的生活作风不正。这个家庭的现有成员还包括 M 太太没有固定工作的第二任丈夫、她的私生子以及她长女的私生子。这个孩子的父亲也公开地和他们住在一起。尽管 M 太太家的家境如此窘迫，儿童保护协会仍然拒绝带走她那些疏于照看、流浪街头、有偷窃等行为的孩子们。据说，这些孩子如果能得到很好的照顾的话，一定会很招人喜爱。一个致力于帮助问题少女的协会被要求来帮助这个家庭，尤其要帮助她的长女。

女性丧偶者研究：基于 1910 年某慈善组织会社所知的 985 人

附录二

使用的日程调查表

女性丧偶者研究：基于 1910 年某慈善组织会社所知的 985 人

附注：此表单仅面向在治疗初始有至少1个小于14岁儿童的女性丧偶者。1910年1月1日仍在接受照顾的，以及在1910年间接的个案，凡是符合条件的每一个个案（无论采用何种治疗形式）都需要填写此表单。

填完后请尽快寄到纽约东二十二街105号613室罗素贤哲基金会慈善组织部门。[1]

城市或乡镇：＿＿＿＿＿＿＿＿＿＿

制订日程表的机构名称：＿＿＿＿＿＿＿＿＿＿

填表日期：＿＿＿＿＿＿＿＿＿＿

1. 女性丧偶者姓名（个案编号）：＿＿＿＿＿＿＿＿＿＿

2. 丈夫死亡日期：＿＿＿＿＿＿＿＿＿＿

3. 丈夫死亡时她的年龄：＿＿＿＿＿＿＿＿＿＿

4. 她的国籍：＿＿＿＿＿＿＿＿＿＿

5. 丈夫的国籍：＿＿＿＿＿＿＿＿＿＿

6. 她婚前的职业和收入：＿＿＿＿＿＿＿＿＿＿

   丈夫死亡前的职业和收入（若有被雇用）：＿＿＿＿＿＿

7. 子女生活情况

① 这条规定已被更改。要求慈善组织会社保存女性丧偶者从初次申请到6个月内所有日程表以便更正。

性别（男或女）	父亲死亡时的年龄	是否和母亲生活在一起	如果与母亲分离，目前在哪儿	职业	当下每周收入（美元）	收入的多少比例贡献给家庭	第一次去工作的年龄	离开学校时的年龄	目前身体状况
1.									
2.									
3.									
4.									
5.									
6.									
7.									
8.									
⋮									

8. 男方去世前的环境

他们一共居住几个房间？________

每月房租费用多少？________

房间采光是否良好？________

是否通风？________

排污是否良好？________

邻居是否健康或有明显糟糕的身体症状？________

它被描述的时候是道德的还是不道德的？________

9. 丈夫的死因：________________

（如果是工伤事故，如实填写；如果是疾病，请写具体疾病名称）

10. 他的职业：______________________________

11. 他每周能够赚：______________________________美元

12. 疾病持续的时间：______________________________

13. 在疾病前他工作是否不规律？如果不规律，请告知导致不规律的缘由。

____

14. 在无法工作后他是否由于疾病受到制度上或是慈善组织会社的救济？总价值在______美元

15. 丈夫生命保险总额________美元

抚恤金________美元

赔偿补偿金______美元

16. 如何处置这部分钱款，维持了多久？

____

17. 丈夫死亡的时候是否有财力？是否单独持有当时的存款和救济金？

____

18. 女性丧偶者在丈夫去世前是否接受物资救济？

如果有，从哪些来源获得（如社会救济员、私人慈善组织会社救济员、教会雇员等）？

____

19. 在丈夫去世前接受这份救济已经有多久了？ ________

20. 在丈夫去世多久后第一次向慈善组织提交了申请？

____

21. 这段时间家庭是怎样维持的？ ________________

22. 这份申请提交给了哪个代理机构？ ______________

23. 如果这份申请转介给了其他机构，请简要总结当下个案治疗计划的以往经历和时间节点。

____

24. 在这期间如果有物资救济，消耗的总额有多少？

____

（如果不知道准确数据，请给出一个估计值）

25. 丧偶后您第一次向代理机构提出申请的日期。

____

26. 此时女方的健康状况________________________

27. 从她可以运用的资源来看，她是否在好好照顾她的子女？

____

她是否有怪癖？ ______________________________

她的性格脾气如何？ ___________________________

28. 为了符合您的需求，您的代理机构给您设计了怎样的方案？

（如果在方案中公积金被考虑或被排除，请具体说明该决定是基于怎样的基准）

____

____

29. 得到资助后，在此计划中有哪些需求发生了改变？为什么？

____

30. 如果家庭已解散或家庭中任何一位子女已经离开了他们的母亲，请列举离开的理由。

____

31. 如何对待每个离开家庭的子女？（请用第7问中的编号来命名他们）

____

32. 如果家庭成员都住在一起，女方在接受计划后是否希望去赚钱？

她期望每周能够挣多少？__________美元

做什么工作？________

这份工作使她从几点到几点(标明上下午)不在家？或者，如果她作为全职主妇，每天做家务工作需要花几个小时？

____

33. 子女们是怎样被照顾的(特别是放学后母亲又不在的时间段)?

34. 计划制订后她通常每周赚________美元。

35. 在她参与工作后她的健康状态比以前好了还是差了?表现在哪些方面?

36. 现在生活环境如何? __________

在住宅内其他家庭成员的数量是多少? ________

拥有几个房间? ____________

房间采光是否良好? ________

是否通风? ______

排污是否良好? ____________

邻居是否健康或有明显糟糕的身体症状? ________

它被描述的时候是道德的还是不道德的? __________

37. 在她参与工作后她子女们的健康状态比以前好了还是差了? 表现在哪些方面?

38. 子女们的道德和习惯比以前要好了还是差了? 表现在哪些方面?

39. 每个学龄儿童是否有规律准时去学校？

40. 代理机构的志愿者是否定期去访问家庭？

41. 目前家庭的状态是否表明对个案的大量监管和照顾儿童的计划是充足的？

42. 一户人家中除了母亲和孩子还有其他成员吗？

如果有，具体描述他们之间的关系，以及每周对家庭的贡献，比如"男方的阿姨，高龄，无收入"或"女方的爸爸，兼职 3 美元"或"女性寄膳者，5 美元""两位男性寄宿者，3 美元"（需要写明寄膳者或寄宿者是男性还是女性）。

43. 在丈夫去世后，从家庭第一次向您申请的日期开始，机构设法给予家庭的所有物资救济总价值是多少？

（在这项中，如果有可能，您设法从机构获取但并没有

直接经手的救济也包括在其中）

44. 救济的形式有哪些？（例如，现金、债券、燃料、贷款、鞋子、衣物，等等）

____

45. 救济的来源，占以下部分的比例

(1) 男方的亲属 __________

(2) 男方的雇主 __________

(3) 男方的工会或互济会 __________

(4) 女方的亲属 __________

(5) 家庭所属教会 __________

(6) 与您有利害关系的个体 __________

(7) 其他私人慈善组织 __________

(8) 您自己的一般资金 __________

(9) 公共院外救济 __________

46. 如果之前的救济或其中一部分可以转化为固定津贴，您希望每个月有________美元。

47. 在什么基础上需要预估救济金？每周预算分配是

房租 __________

食物 __________

燃料 __________

车费 ____________

杂项 ____________

48. 如果接受计划后,一位子女已经达到法定工作年龄,您推荐何种工作? 有什么成功经验?

____

49. 目前您对于将来与这个家庭的关系有什么计划? 需要多久的抚恤金?

____

____

备注: ____

____

译 后 记

女性丧偶者研究：基于 1910 年某慈善组织会社所知的 985 人

接到这本书的翻译任务时，我正坐在研究室里纠结着“社会工作如何介入精准扶贫”和“社会工作和公共卫生两个专业的重合领域”这两个问题。刘丹博士（我的硕士同窗）兴奋地告诉我华东理工大学出版社正在筹备“玛丽·埃伦·里士满社会工作全集”的翻译项目，如此算来从里士满《社会诊断》一书首次正式清晰地界定“社会工作”以来，已经整整过去了一百年。里士满女士可谓社会工作专业的先驱和领袖，七年半前，从我本科正式接受社会工作专业的学习和训练起，便对她充满了崇敬和感激。得知能够有幸翻译里士满女士曾经主编的书稿之一，实在是我莫大的荣幸。这里再次感谢华东理工大学出版社策划了此次项目，感谢“上海高校智库”社会工作与社会政策研究院院长徐永祥教授的引领，感谢刘丹博士的引荐。

在翻译本书的过程中，我多次被原稿中追求客观事实的科学研究精神所感染，被纠结未解的道德伦理问题所困扰，被细心智慧的救济行为所感动，越发理解在当时社会背景下里士满提出社会工作走向专业化、职业化的必要性和急迫性。

一、里士满追求客观事实的科学研究精神

本书英文原版是作为慈善组织会社的年度成果报告而出版

的，取材于1910年（实际很多是1910年前）的记录。为了追求记录的科学性，在当时并不发达的通信环境下，里士满从核对、询问、指导、整改、回收，到正式整合编撰，经过了整整两年。在1913年正式出版的原稿报告中，里士满将社会工作者收集上报的信息以表单的方式数据化呈现出来。尽管当年的研究范式不如当下有清晰严格的标准要求，里士满却有着高度的统计学意识，在报告中多次提到代表性问题，强调整合资料的样本对象存有偏倚现象，分析了偏倚产生的原因，同时反复强调对于混杂偏倚的影响因素，社会工作者或调查员应该给予充分的重视和记录。里士满认为，仅仅是"量"的数据研究和数字表达无法触及家庭治疗和救济救助的真正要素，需要用"质"来尽可能体现事情本身的复杂性。原报告的正文部分只有39页，而附录页长达35页。在附录一中，61个鲜活的家庭故事被摆在我们面前，可供我们后来者学习、评价、探讨、反思、改进、决策。其详细的叙事记录也为我们进一步研究提供了可能，原稿报告可谓一份弥足珍贵的史料。

二、里士满对于社会环境及道德伦理的反思

在翻译的过程中，以往在社会科学中所受的训练让我更敏

锐地意识到本书中多处展现的社会因素和社会学话题，如性别、种族、标签化、污名、社会控制、越轨。在61个家庭故事中，我们可以清楚找到“有色人种”这样的表达，从报告中也依旧能够看到南北战争后美国种族之间存在的不平等现象，美国白人更容易享有更多的社会慈善福利。慈善组织会社和社会工作者在记录日程调查表的过程中多少承担了社会控制的角色，部分段落的记述站在机构管理的视角，认为有些女性丧偶者一边企图享受更多的福利，一边又不愿听从慈善组织会社的管理与安排，而并没有记录和分析更多造成此行为的原因。特别关注女性丧偶者，是由于当时女性很少需要参与社会劳动，家庭中的男性承担绝大部分的经济责任，一旦丈夫去世，对当时家庭的经济情况来说是致命的打击，这样的家庭更容易陷入贫困的境地。即使女性在丧偶后自然需要承担家庭的经济责任，然而研究其他人对女性丧偶者的描述后我们会发现，更多的人倾向认为女性丧偶者就应该在家照顾孩子，这种“标签化”给女性丧偶者在外寻找兼职工作带来了阻碍，使得家庭经济难以凭借己力恢复到一个良好的状态。有一大部分人倾向于认为，女性丧偶者可能存在道德问题，这样的污名给不少女性丧偶者们带来了精神压力，但某些案例确实证实了这个问题的存在。原文报告中有好几处引起争议的“道德”议题：易感疾病的女性丧偶者因为家庭经济状况而拒绝医疗是否不道德？女性丧偶者是否可以接纳非亲属异性作为寄宿者或寄膳者来缓和家庭经济问题？女性丧偶者的私生子是否也应该享有福利分配？机构或组织是否需要介入女性丧偶者家庭子女的道德教育？这些议题不仅包含了当时对人与人、人与社会、人与自然之间关系行为准则的认识，也包含了对专业伦理的思考。

三、里士满倡导的专业救济智慧

就是在这么一个急速工业化、快速城市化而带来失业、低工资、超时劳动、重大疾病的社会环境下，里士满带领和联结慈善组织会社，通过发起号召对“女性丧偶者”这一群体的关注，深入和挖掘她们的家庭特征和社会关系网络。从女性丧偶者个体出发，观察她们个体的性格特征、健康状态，直接帮助女性丧偶者，以解除她们的忧虑，到对她们家庭因素的分析和担忧，最终使她们达到自给自足的状态。附录一中列出的困难家庭都有那么多孩子需要抚养，报告中清晰地提出了健康和儿童保护的议题。里士满强调志愿者对于整个家庭环境带来的积极影响，倡导建立充分信息交流的社区环境。这些实践智慧都反映了里士满“人在环境”的意识，她所追求的是对全人类的充分对待。

在调查—诊断—治疗的过程中，里士满要求社会工作者们抱着理智、谨慎和彻底的态度去对待每个家庭，认为社会工作者如果要进行关怀或监督，应该承担起制订计划、发放救济的责任，并整合社会上各种可用的资源来提升个人与环境。

通过对本书的翻译，我对丧偶者群体有了更多的关注，也对社会工作专业发展的萌芽期有了更加具体和感性的认识，如果此译本也能帮到您，就是我莫大的幸福了。

在实际翻译过程中，感谢华东理工大学出版社社科事业部主任刘军博士为我们所有译者组建了微信工作组，邀请了华东理工大学外国语学院翻译硕士中心主任郑国锋老师担任翻译指导，为我们译者提供了支持和帮助。

特别感谢我的硕士导师赵芳老师，极为耐心和认真地为本书做审校，一字一句地进行斟酌修改。赵老师作为社会工作伦理、健康社会工作、家庭社会工作领域的专家，指导我理解和重视此报告中的重要部分和关键议题。译后记也在赵老师的指导下进行了改写。

另外，感谢顾明源、马轶民、商思佳、高丽、俞超、曾次元这些朋友的帮助，以扎实的史学能力帮助我了解当时的历史背景，协助我核查原稿中的一些专有名词，修改翻译时存疑的段落句子，使得我能够更快地完成本书的翻译。感谢华东理工大学出版社社科事业部的牟小林编辑，积极与我们译者保持联络，监督、管理我们的翻译进程，特别是后期对我身体状况的理解、包容和体谅。感谢华东理工大学社科事业部主任刘军博士为整合所有译稿付出的精力和心血。

最后，感谢我的父母一直以来对我抱有期待，感谢我的先生王侃良给予的支持，感谢京都大学岩限导师对我的鞭策和包容。

由于译者水平有限，本书错漏缺点在所难免，您的批评指正将会使此书变得更好。

汪颖霞

2017 年 7 月 5 日

于日本京都大学

内容提要

女性丧偶者研究：基于 1910 年某慈善组织会社所知的 985 人

本书英文原版是玛丽·埃伦·里士满受罗素贤哲基金会所托，整合了1910年美国两个城市、二十多家慈善组织会社调查的985名女性丧偶者的家庭状况和生活信息，作为当年慈善组织会社的年度成果报告出版的。通过社会工作者记录的日程调查表，详细展现了女性丧偶者这一特殊群体的救济过程。根据救济阶段，整理并分析了救济前的家庭情况、救济时期制订的治疗计划、救济后的结果和治疗经验。具体内容要素涵盖社会诊断、家庭治疗、儿童保护、供给需求、救济救助等。涉及的学科领域包括社会保障、社会工作、社会学、心理学、公共卫生、经济学等。本书展现了当时美国慈善福利体制下对女性丧偶者这一特殊人群的充分救济和全人照顾的理念。